Bußgeldkatalog mit Maßnahmen nach Fahreignungs-Bewertungssystem
und bei Fahrerlaubnis auf Probe

Tabellen

Bußgeldkatalog
mit Maßnahmen nach
Fahreignungs-Bewertungssystem
und bei Fahrerlaubnis auf Probe

8. Auflage 2014

Bearbeitet von
VorsRiLG a.D. **Dr. Hans Jürgen Bode,**
Karlsruhe

Stand: 1.5.2014

DeutscherAnwaltVerlag

Zitiervorschlag:
Bode, Bußgeldkatalog, S. 1

Hinweis:
Alle Angaben in diesem Bußgeldkatalog wurden mit Sorgfalt und nach bestem Wissen erstellt. Autor und Verlag übernehmen keinerlei Haftung für die Richtigkeit und Vollständigkeit.

Anregungen und Kritik zu diesem Werk senden Sie bitte an
kontakt@anwaltverlag.de
Autor und Verlag freuen sich auf Ihre Rückmeldung.

Copyright 2014 by Deutscher Anwaltverlag, Bonn
Satz: Reemers publishing services GmbH, Krefeld
Druck: Hans Soldan Druck GmbH, Essen
Umschlaggestaltung: gentura, Holger Neumann, Bochum
ISBN 978-3-8240-1342-5

Bibliografische Information der Deutschen Nationalbibliothek
Die Deutsche Nationalbibliothek verzeichnet diese Publikation in der Deutschen Nationalbibliografie; detaillierte bibliografische Daten sind im Internet über http://dnb.d-nb.de abrufbar.

Vorwort

Wer sich wegen einer Ordnungswidrigkeit im Straßenverkehr zu verantworten hat, wird sich für den Bußgeldkatalog interessieren, der eine Regelahndung für solche Ordnungswidrigkeiten vorschreibt. Von Bedeutung sind jedoch auch das an den Bußgeldkatalog anknüpfende Fahreignungs-Bewertungssystem mit weitergehenden Maßnahmen sowie die Vorschriften, die bei dem Inhaber einer Fahrerlaubnis auf Probe zu besonderen Maßnahmen der nach Landesrecht zuständigen Behörde führen können (bisher Fahrerlaubnisbehörde – siehe zum Bezeichnungswechsel S. 16 unter II.).

Der Bußgeldkatalog, das Fahreignungs-Bewertungssystem und die Maßnahmen bei der Fahrerlaubnis auf Probe werden deshalb in dieser Broschüre gemeinsam behandelt (siehe dazu S. 14 f.). Die diesbezüglichen Vorschriften sind im Abschnitt „Texte" abgedruckt und werden im Abschnitt „Einführung" erläutert.

Zum 1.4.2013 ist ein neugefasster Bußgeldkatalog im Rahmen einer vollständigen Neufassung der *„Verordnung über die Erteilung einer Verwarnung, Regelsätze für Geldbußen und die Anordnung eines Fahrverbotes wegen Ordnungswidrigkeiten im Straßenverkehr (Bußgeldkatalog-Verordnung – BKatV)"* vom 14. März 2013 (BGBl. I S. 498) in Kraft getreten.

Zum 1.5.2014 wurde dieser Bußgeldkatalog durch Artikel 4 der *„Neunten Verordnung zur Änderung der Fahrerlaubnis-Verordnung und anderer straßenverkehrsrechtlicher Vorschriften"* vom 5. November 2013 (BGBl. I S. 3920) erneut geändert.

Diese Neunte Verordnung dient der Ausführung grundlegender Neuregelungen wesentlicher Teile des Fahrerlaubnisrechts, deren Grundzüge im *„Fünften Gesetz zur Änderung des Straßenverkehrsgesetzes (StVG) und anderer Gesetze"* vom 28. August 2013 (BGBl. I S. 3313) bestimmt sind.

Einige der mit der Neunten Verordnung eingeführten Neuregelungen sind bereits wieder durch die *„Zehnte Verordnung zur Änderung der Fahrerlaubnis-Verordnung und anderer straßenverkehrsrechtlicher Vorschriften"* vom 16. April 2014 (BGBl. I S. 348) geändert oder ergänzt worden.

Von den Neuregelungen seien hier nur beispielhaft erwähnt:

Die **Verwarnungsgeldobergrenze** in § 56 Abs. 1 S. 1 OWiG wird von 35 Euro auf 55 Euro angehoben. Dem trägt der neue Bußgeldkatalog Rechnung und nutzt den so neu eröffneten Spielraum für eine differenzierte Anpassung der Verwarnungsgeldregelsätze (z.B. bei Park- und Geschwindigkeitsverstößen).

In das **Fahreignungsregister** (früher **Verkehrszentralregister**) werden dementsprechend Entscheidungen wegen einer Ordnungswidrigkeit nur eingetragen, wenn eine Geldbuße von mindestens 60 Euro festgesetzt worden ist (früher 40 Euro).

Im neuen **Fahreignungs-Bewertungssystem** werden die in das Fahreignungsregister eingetragenen Entscheidungen wegen im Straßenverkehr begangener Straftaten oder Ordnungswidrigkeiten nicht mehr mit 1 bis 7 Punkten, sondern nur noch mit 1 bis 3 Punkten gemäß Anlage 13 zu § 40 FeV bewertet, je nach Schwere der Zuwiderhandlung.

Maßnahmen gegenüber den Inhabern einer Fahrerlaubnis hat die nach Landesrecht zuständige Behörde stufenweise zu ergreifen, und zwar bei 4 oder 5 Punkten schriftliche Ermahnung, bei 6 oder 7 Punkten schriftliche Verwarnung, bei 8 oder mehr Punkten Entziehung der Fahrerlaubnis.

Die nachfolgende Inhaltsübersicht und das am Ende abgedruckte Stichwortverzeichnis ermöglichen einen raschen Zugriff auf die jeweils interessierenden Gesichtspunkte.

Karlsruhe, im April 2014 *Hans Jürgen Bode*

Inhaltsübersicht

- A. Einführung . . . 11
  - I. Bußgeldkatalog-Verordnung . . . 11
    - 1. Allgemeine Vorschriften . . . 11
      - a) Verwarnungsgeld . . . 12
        - aa) Fußgänger und Radfahrer . . . 12
        - bb) Minderbemittelte . . . 12
        - cc) Tateinheit . . . 12
        - dd) Tatmehrheit . . . 13
      - b) Geldbuße . . . 13
        - aa) Berücksichtigung von Vorahndungen . . . 13
        - bb) Geldbußen für Halter von Kraftfahrzeugen . . . 13
        - cc) Erhöhung des Regelsatzes . . . 13
        - dd) Ermäßigung des Regelsatzes . . . 13
      - c) Fahrverbot . . . 14
    - 2. Bußgeldkatalog . . . 14
    - 3. Tabellen zum Bußgeldkatalog . . . 14
    - 4. Tatbestandskataloge . . . 14
      - a) Bundeseinheitlicher Tatbestandskatalog . . . 15
      - b) Tatbestandskataloge der Bundesländer . . . 15
  - II. Rechtsfolgen hinsichtlich der Fahrerlaubnis . . . 16
    - 1. Grundlage: Fahreignungsregister . . . 16
      - a) Eintragung . . . 16
      - b) Tilgung . . . 17
        - aa) Tilgungshemmung . . . 17
        - bb) Beginn der Tilgungsfrist . . . 17

- c) Löschung 18
  - aa) Überliegefrist 18
  - bb) Fahrerlaubnis auf Probe 18
- 2. Maßnahmen nach dem Fahreignungs-Bewertungssystem 18
  - a) Voraussetzungen 18
    - aa) Tateinheit 19
    - bb) Tatmehrheit 19
    - cc) Punktelöschung 19
    - dd) Punkteabzug bei freiwilliger Teilnahme an einem Fahreignungsseminar 19
    - ee) Auskunft über persönlichen Punktestand 20
  - b) Art der Maßnahmen 21
    - aa) Bei 4 oder 5 Punkten: Ermahnung und Hinweis auf Fahreignungsseminar 21
    - bb) Bei 6 oder 7 Punkten: Verwarnung und Hinweis auf Fahreignungsseminar 22
    - cc) Bei 8 oder mehr Punkten: Entziehung der Fahrerlaubnis 22
    - dd) Stufenweises Vorgehen 22
    - ee) Sofortige Vollstreckbarkeit der Entziehung der Fahrerlaubnis .. 22
    - ff) Neuerteilung einer Fahrerlaubnis nach Entziehung oder Verzicht 22
    - gg) Maßnahmen nach Neuerteilung einer Fahrerlaubnis 23
- 3. Überführung der Regelungen über das Verkehrszentralregister und das Punktsystem in die Regelungen über das Fahreignungsregister und das Fahreignungs-Bewertungssystem 23
  - a) Vom Verkehrszentralregister zum Fahreignungsregister 23
    - aa) Löschung „alter" Entscheidungen 23
    - bb) Speicherdauer für „alte" Entscheidungen und Tilgung 24
    - cc) Geltung neuen Rechts für alle nach dem 1.5.2014 im Fahreignungsregister gespeicherten Entscheidungen 24

Inhaltsübersicht

b) Umrechnung „alter" Punktestände in „neue" Punktestände	25
c) Überführung der Regelungen über Punkteabzüge und Aufbauseminare	25
4. Maßnahmen bei Inhabern einer Fahrerlaubnis auf Probe	26
a) Voraussetzungen	26
b) Art der Maßnahmen	26
aa) Teilnahme an Aufbauseminar für Fahrerlaubnisinhaber auf Probe	27
bb) Verwarnung unter Hinweis auf verkehrspsychologische Beratung	28
cc) Entziehung der Fahrerlaubnis	29
dd) Sofortige Vollstreckbarkeit	29
ee) Neuerteilung einer Fahrerlaubnis auf Probe nach Entziehung oder Verzicht	29
ff) Maßnahmen nach Neuerteilung einer Fahrerlaubnis auf Probe	30
B. Texte	31
I. BKatV	31
II. Bußgeldkatalog (BKat)	34
III. BKat-Tabellen	111
IV. FeV	120
V. FeV-Anlage 12 (zu § 34)	125
VI. FeV-Anlage 13 (zu § 40)	127
VII. OWiG	133
VIII. StGB	135
IX. StPO	141
X. StVG	144
XI. Anlage zu § 24a StVG	163
Stichwortverzeichnis	165

A. Einführung

I. Bußgeldkatalog-Verordnung

> *Hinweis*
> Während der Bußgeldkatalog weitgehend aus sich heraus verständlich ist, sind die Regelungen des Fahreignungs-Bewertungssystems (ehemals Punktsystem) und der Maßnahmen bei der Fahrerlaubnis auf Probe über mehrere Vorschriften verteilt. Die folgende Darstellung soll den Zugang zu den nachfolgend abgedruckten Texten erleichtern.

Die Bußgeldkatalog-Verordnung – BKatV fasst die bis 2001 in unterschiedlichen Regelwerken enthaltenen Bestimmungen über Verwarnungsgeldregelsätze, Bußgeldregelsätze und Regelfahrverbote bei häufig vorkommenden Verkehrsordnungswidrigkeiten in einer einzigen Verordnung zusammen. Die Kurzbezeichnung „Bußgeldkatalog-Verordnung (BKatV)" ist trotz des seit 2002 durch Bestimmungen über Verwarnungsgeldregelsätze erweiterten Inhalts beibehalten worden.

Die Bußgeldkatalog-Verordnung enthält:
- allgemeine Vorschriften (s. dazu unten zu 1.)
- den Bußgeldkatalog (s. dazu unten S. 14 f. zu 2.) sowie
- Tabellen zur Ergänzung des Bußgeldkatalogs (s. dazu unten S. 14 zu 3.).

Der Bußgeldkatalog führt Verkehrsverstöße auf, die für die Verkehrssicherheit bedeutsam und die besonders häufig sind; er kann **keine abschließende Regelung** über die Ahndung sämtlicher Straßenverkehrsordnungswidrigkeiten darstellen.

An die aufgrund der gesetzlichen Ermächtigung in § 26a StVG erlassene Bußgeldkatalog-Verordnung und die darin bestimmten Regelungen sind **Verwaltungsbehörden und Gerichte gebunden**.

Ahndungen für Tatbestände, die nicht in die Bußgeldkatalog-Verordnung aufgenommen worden sind, werden von Verwaltungsbehörden und Gerichten fallbezogen nach pflichtgemäßem Ermessen festgesetzt. Sie orientieren sich an den im Katalog enthaltenen Regelsätzen für vergleichbare Tatbestände.

Lediglich als Verwaltungsanweisungen erlassene **Tatbestandskataloge** (s. unten S. 14 zu 4.) und darin bestimmte Regel-Ahndungen für nicht in die Bußgeldkatalog-Verordnung aufgenommene Tatbestände, sind **für Verwaltungsbehörden verbindlich, nicht aber für Gerichte**.

1. Allgemeine Vorschriften

Die allgemeinen Vorschriften sind im Textteil der Bußgeldkatalog-Verordnung (unten S. 31 ff.) enthalten. Insoweit ist hervorzuheben:

Die im Bußgeldkatalog bestimmten Beträge für Geldbußen und Verwarnungsgelder sind **Regelsätze**; sie gehen von **gewöhnlichen Tatumständen** sowie in **Abschnitt I** des Bußgeldkatalogs von **fahrlässiger Begehung** und in **Abschnitt II** des Bußgeldkatalogs von **vorsätzlicher Begehung** und gewöhnlichen Tatumständen aus (§ 1 Abs. 2 BKatV).

Bei **außergewöhnlichen Tatumständen** wird von diesen Regelsätzen abgewichen. Bei **vorsätzlicher Begehung** der in Abschnitt I des Bußgeldkatalogs aufgeführten Ordnungswidrigkeiten, für die ein Regelsatz von

Einführung

mehr als 55 Euro vorgesehen ist, erhöht sich der dort genannte Regelsatz für **fahrlässige Begehung** um die Hälfte (§ 3 Abs. 4a BKatV).

a) Verwarnungsgeld

Nach § 56 Abs. 1 S. 1 OWiG kann die Verwaltungsbehörde bei geringfügigen Ordnungswidrigkeiten seit dem 1. Mai 2014 ein Verwarnungsgeld von **5 bis 55 Euro** erheben. Hierzu führt die Bundesregierung in ihrer Begründung zum Entwurf des Fünften Gesetzes zur Änderung des Straßenverkehrsgesetzes (StVG) und anderer Gesetze aus:[1]

> *„Die Anhebung der Verwarnungsgeldobergrenze in § 56 Absatz 1 Satz 1 von 35 Euro auf 55 Euro ist verhältnismäßig und unter Berücksichtigung der Entwicklung des Einkommens und der Preise auch geboten. Die Verwarnungsgeldobergrenze nach § 56 Absatz 1 OWiG a.f. wurde seit über 25 Jahren nicht mehr angehoben. Unter Berücksichtigung der Einkommens- und Preissteigerungen hat sich somit der Spielraum für die Verhängung von Verwarnungsgeldern, die aufgrund ihrer Höhe general- und spezialpräventive Wirkung entfalten können, verringert. Eine Anhebung der Verwarnungsgeldobergrenze erweitert diesen Spielraum wieder für eine differenzierte Anpassung der Verwarnungsgeldregelsätze (z.B. bei Park- und Geschwindigkeitsverstößen).*
>
> *Die Anhebung stärkt das Verwarnungsverfahren. Weiterhin wird hiermit ein Beitrag zur Entlastung der Justiz geleistet. Da das Verwarnungsverfahren – anders als das Bußgeldverfahren – kostenfrei ist (§ 56 Absatz 3 Satz 2 OWiG), wird eine Verwarnung von dem Betroffenen eher hingenommen als ein kostenpflichtiger Bußgeldbescheid. Die Erledigung eines Verkehrsverstoßes im Verwarnungsgeldverfahren dient letztlich auch dem Rechtsfrieden."*

Für geringfügige Ordnungswidrigkeiten nach § 24 StVG wird das Verwarnungsgeld in Höhe von 5, 10, 15, 20, 25, 30, 35, 40, 45, 50 und 55 Euro erhoben (§ 2 Abs. 3 BKatV).

Die Bußgeldkatalog-Verordnung (BKatV) enthält einige **Sonderregeln** für die Festsetzung des Verwarnungsgeldes innerhalb des damit vorgegebenen Rahmens:

aa) Fußgänger und Radfahrer

Soweit der Bußgeldkatalog nichts anderes bestimmt, soll das Verwarnungsgeld in der Regel bei Fußgängern 5 Euro und bei Radfahrern 15 Euro betragen (§ 2 Abs. 4 BKatV).

bb) Minderbemittelte

Bei offenkundig außergewöhnlich schlechten wirtschaftlichen Verhältnissen des Betroffenen kann ein Verwarnungsgeld, für den im Bußgeldkatalog ein Regelsatz von mehr als 20 Euro vorgesehen ist, bis auf 20 Euro ermäßigt werden (§ 2 Abs. 5 BKatV).

cc) Tateinheit

Hat der Betroffene durch dieselbe Handlung mehrere geringfügige Ordnungswidrigkeiten begangen, für die eine Verwarnung mit Verwarnungsgeld in Betracht kommt, wird nur ein Verwarnungsgeld erhoben – und zwar das höchste der in Betracht kommenden Verwarnungsgelder (§ 2 Abs. 6 BKatV). Dabei ist jedoch zu prüfen, ob die Handlung insgesamt noch geringfügig ist (§ 2 Abs. 8 BKatV).

---

[1] BT-Drucks 17/12636, S. 67.

dd) Tatmehrheit

Hat der Betroffene durch mehrere Handlungen geringfügige Ordnungswidrigkeiten begangen oder gegen dieselbe Vorschrift mehrfach verstoßen, sind die einzelnen Verstöße getrennt zu verwarnen (§ 2 Abs. 7 BKatV). Auch dabei ist jedoch zu prüfen, ob die Handlungen insgesamt noch geringfügig sind (§ 2 Abs. 8 BKatV).

b) Geldbuße

Nach § 17 Abs. 1 OWiG beträgt die Geldbuße mindestens 5 Euro und, wenn das Gesetz nichts anderes bestimmt, höchstens 1.000 Euro.

Etwas anderes ist für den Bereich des **Straßenverkehrsrechts** bestimmt: Die **Höchstgrenze** der Geldbuße für Verkehrsordnungswidrigkeiten beträgt
- **grundsätzlich 2.000 Euro** (§ 24 Abs. 2 StVG) und
- **ausnahmsweise 3.000 Euro** beim Führen eines Kraftfahrzeugs unter dem Einfluss von Alkohol oder berauschenden Mitteln (§ 24a Abs. 4 StVG).

Die Bußgeldkatalog-Verordnung enthält einige **Sonderregeln** für die Festsetzung der Geldbuße innerhalb des damit vorgegebenen Rahmens:

aa) Berücksichtigung von Vorahndungen

Etwaige Eintragungen des Betroffenen im Fahreignungsregister sind im Bußgeldkatalog nicht berücksichtigt, soweit nicht im Bußgeldkatalog hinsichtlich des Fahrens mit gefährlichen Gütern oder wassergefährdender Ladung auf einer dafür gesperrten Straße (Nr. 152.1) sowie des Führens eines Kraftfahrzeugs unter dem Einfluss von Alkohol oder berauschenden Mitteln (Nr. 241.1, 241.2, 242.1, 242.2) etwas anderes bestimmt ist (§ 3 Abs. 1 BKatV).

bb) Geldbußen für Halter von Kraftfahrzeugen

Der Regelsatz für das Anordnen oder Zulassen der Inbetriebnahme eines Kraftfahrzeugs durch den Halter ist auch dann anzuwenden, wenn der Halter selbst das Kraftfahrzeug führt (§ 3 Abs. 2 BKatV).

cc) Erhöhung des Regelsatzes

Sie ist vorgesehen:
- bei Vorliegen einer Gefährdung oder Sachbeschädigung (§ 3 Abs. 3 BKatV),
- für bestimmte Ordnungswidrigkeiten, die vom Führer eines kennzeichnungspflichtigen Kraftfahrzeugs mit gefährlichen Gütern oder eines Kraftomnibusses mit Fahrgästen begangen werden; dieser erhöhte Regelsatz ist auch anzuwenden, wenn der Halter eines kennzeichnungspflichtigen Kraftfahrzeugs mit gefährlichen Gütern oder eines Kraftomnibusses mit Fahrgästen dessen Inbetriebnahme in näher bezeichneten Fällen anordnet oder zulässt (§ 3 Abs. 4 BKatV),
- bei Verwirklichung mehrerer Tatbestände des Bußgeldkatalogs durch eine Handlung (§ 3 Abs. 5 BKatV) sowie
- bei Absehen von einem Regelfahrverbot (§ 4 Abs. 4 BKatV).

dd) Ermäßigung des Regelsatzes

Sie ist vorgesehen für nicht motorisierte Verkehrsteilnehmer (§ 3 Abs. 6 BKatV).

Einführung

c) Fahrverbot

Wegen grober Verletzung der Pflichten eines Kraftfahrzeugführers kommt es in der Regel in den im Bußgeldkatalog bezeichneten Fällen für die dort bestimmte Dauer in Betracht (§ 4 Abs. 1 BKatV).
Wegen beharrlicher Verletzung der Pflichten eines Kraftfahrzeugführers ist seine Dauer bei erstmaliger Anordnung in der Regel auf einen Monat festzusetzen. Ein Fahrverbot kommt in der Regel in Betracht bei Wiederholung eines Geschwindigkeitsüberschreitung von mindestens 26 km/h innerhalb eines Jahres seit Rechtskraft der Ahndung für die vorangegangene Geschwindigkeitsüberschreitung (§ 4 Abs. 2 S. 2 BKatV).

2. Bußgeldkatalog

Er ist als Anlage zu § 1 Abs. 1 der Bußgeldkatalog-Verordnung bezeichnet.

Hinweis

Der hier (siehe unten S. 34 ff.) mitgeteilte Abdruck weicht im Interesse der Übersichtlichkeit von der der Bußgeldkatalog-Verordnung anliegenden Fassung in Folgendem ab:
Hinzugefügt sind die nicht im Bußgeldkatalog aufgeführten Spalten
- „Punkte" (s. dazu unten S. 18 zu 2.a) und
- „Probe-FE schwerwiegend = s" (s. dazu unten S. 26 zu 4.a).

Zudem sind die Ordnungswidrigkeiten-Tatbestände, für die ein Regelsatz von 60 Euro oder mehr bestimmt ist und die deshalb in das Fahreignungsregister eingetragen werden (s. dazu unten S. 16 zu 1.a) und der Punktbewertung unterliegen, durch Fettdruck kenntlich gemacht. Die nicht durch Fettdruck kenntlich gemachten Ordnungswidrigkeiten-Tatbestände, für die ein Regelsatz unter 60 Euro bestimmt ist, werden lediglich mit einem Verwarnungsgeld geahndet. Zudem wurden die Zwischenüberschriften des Bußgeldkatalogs innerhalb der Tabelle grau hinterlegt – dies dient der Übersichtlichkeit und besseren Orientierung.

3. Tabellen zum Bußgeldkatalog

Sie sind in der Bußgeldkatalog-Verordnung als Anhänge zu einigen Nummern des Bußgeldkatalogs bezeichnet.

Hinweis

In dem hier (siehe unten S. 111 ff.) mitgeteilten Abdruck der Tabellen sind ebenfalls die nicht im Bußgeldkatalog aufgeführten Spalten „Punkte" und „Probe-FE schwerwiegend = s" hinzugefügt und die Ordnungswidrigkeiten-Tatbestände, für die ein Regelsatz von 60 Euro oder mehr bestimmt ist, durch Fettdruck kenntlich gemacht.

4. Tatbestandskataloge

Sie dienen im Wesentlichen der computermäßigen Bearbeitung.

Einführung

a) Bundeseinheitlicher Tatbestandskatalog

Er wird im Einvernehmen mit den gegenüber dem Kraftfahrtbundesamt mitteilungspflichtigen Stellen (siehe unten S. 16 zu a)) übergeordneten obersten Landesbehörden gem. § 4 Abs. 1 Nr. 3 VwV VZR[2] vom Kraftfahrtbundesamt bekannt gegeben. Die 10. Auflage mit Stand vom 1.5.2014 ist auf der Homepage des Kraftfahrtbundesamts (*www.kba.de*) veröffentlicht.

Dieser Tatbestandskatalog enthält die Tatbestände des Bußgeldkatalogs sowie weitere häufig vorkommende Tatbestände von Ordnungswidrigkeiten im Straßenverkehr (StVO, FeV, StVZO, StVG, Ferienreise-VO, FZV). So wird z.B. bestimmt auf S. 155 des Bundeseinheitlichen Tatbestandskatalog – Tatbestände unter **Tatbestandsnummer 123006** ein Regelverwarnungsgeld von 5 Euro für das verbotswidrige **freihändige Fahren als Radfahrer oder Führer eines Kraftrades** (§ 23 Abs. 3 StVO).

b) Tatbestandskataloge der Bundesländer

Diese ergänzen teilweise den Bundeseinheitlichen Tatbestandskatalog.

---

[2] Allgemeine Verwaltungsvorschrift zur Datenübermittlung mit dem Verkehrszentralregister – VwV VZR – vom 16.8.2000 (Bundesanzeiger, S. 17.269; Verkehrsblatt 2000, S. 539).

Einführung

II. Rechtsfolgen hinsichtlich der Fahrerlaubnis

Die Bußgeldkatalog-Verordnung schreibt lediglich die Regelahndung für Ordnungswidrigkeiten im Straßenverkehr vor.

Wird aber wegen einer Ordnungswidrigkeit im Straßenverkehr durch die Verwaltungsbehörde oder das Gericht eine Geldbuße von 60 Euro oder mehr verhängt, kann das – ebenso wie die Verurteilung wegen einer im Straßenverkehr begangenen Straftat – weiterreichende Folgen für den Inhaber einer Fahrerlaubnis nach sich ziehen. Die **Fahrerlaubnisbehörde**, deren Bezeichnung wegen der Verwaltungshoheit der Länder in dem ab dem 1.5.2014 geltenden Recht weitgehend in „**nach Landesrecht zuständige Behörde**" umbenannt wird, kann solchenfalls nämlich Maßnahmen einleiten, die unterschiedlich geregelt sind für den Inhaber einer Fahrerlaubnis auf Probe und für den Inhaber einer Fahrerlaubnis, der bereits die Probezeit hinter sich hat.

1. Grundlage: Fahreignungsregister

Maßnahmen der nach Landesrecht zuständigen Behörde werden ausgelöst durch die Mitteilung von Eintragungen in das vom Kraftfahrt-Bundesamt (KBA) in Flensburg geführte Fahreignungsregister.

Der Begriff „**Fahreignungsregister**" ersetzt ab 1. Mai 2014 den bis dahin verwendeten Begriff „**Verkehrszentralregister**". Der neue Begriff gibt nach der Gesetzesbegründung der Bundesregierung „**das Ziel des Registers besser wieder, ungeeignete Kraftfahrer zu identifizieren, zu warnen und Unbelehrbare (Ungeeignete) nach einer bestimmten Kumulation von Verstößen durch Entziehung der Fahrerlaubnis vom Straßenverkehr auszuschließen.**"[1]

a) Eintragung

Gespeichert werden im Fahreignungsregister nach § 28 Abs. 3 StVG sowie § 59 FeV vor allem Daten über
1. rechtskräftige Entscheidungen der Strafgerichte wegen einer Straftat, die in der Anlage 13 zu § 40 FeV bezeichnet ist, soweit sie auf Strafe oder Verwarnung mit Strafvorbehalt erkennen oder einen Schuldspruch enthalten,
2. rechtskräftige Entscheidungen der Strafgerichte, die die Entziehung der Fahrerlaubnis, eine isolierte Sperre oder ein Fahrverbot anordnen, sofern sie nicht von Nr. 1 erfasst sind, sowie Entscheidungen der Strafgerichte, die die vorläufige Entziehung der Fahrerlaubnis anordnen,
3. rechtskräftige Entscheidungen wegen einer Ordnungswidrigkeit
    a) nach den §§ 24, 24a oder § 24c StVG, soweit sie in Anlage 13 zu § 40 FeV bezeichnet ist und gegen den Betroffenen
        aa) ein Fahrverbot nach § 25 StVG angeordnet worden ist oder
        bb) eine Geldbuße von mindestens sechzig Euro festgesetzt worden ist und § 28a StVG nichts anderes bestimmt,
    b) nach den §§ 24, 24a oder § 24c StVG, soweit kein Fall des Buchstaben a vorliegt und ein Fahrverbot angeordnet worden ist.

Eingetragen werden die Entscheidungen in das Fahreignungsregister aufgrund von Mitteilungen, zu denen Gerichte und Behörden nach § 28 Abs. 4 StVG verpflichtet sind.

---

1 BT-Drucks 17/12636, S. 21

Einführung

b) Tilgung

Nach Ablauf bestimmter Fristen werden die Eintragungen aus dem Fahreignungsregister getilgt (§ 29 StVG).
Die Tilgungsfristen betragen
1. zwei Jahre und sechs Monate bei Entscheidungen über eine Ordnungswidrigkeit,
   a) die in Anlage 13 zu § 40 FeV als verkehrssicherheitsbeeinträchtigende oder gleichgestellte Ordnungswidrigkeit mit einem Punkt bewertet ist oder
   b) soweit weder ein Fall des Buchstaben a noch der Nr. 2 Buchstabe b vorliegt und in der Entscheidung ein Fahrverbot angeordnet worden ist,
2. fünf Jahre
   a) bei Entscheidungen über eine Straftat, vorbehaltlich der Nr. 3 Buchstabe a,
   b) bei Entscheidungen über eine Ordnungswidrigkeit, die in Anlage 13 zu § 40 FeV als besonders verkehrssicherheitsbeeinträchtigende oder gleichgestellte Ordnungswidrigkeit mit zwei Punkten bewertet ist,
   c) bei von der nach Landesrecht zuständigen Behörde verhängten Verboten oder Beschränkungen, ein fahrerlaubnisfreies Fahrzeug zu führen,
   d) bei Mitteilungen über die Teilnahme an einem Fahreignungsseminar, einem Aufbauseminar, einem besonderen Aufbauseminar oder einer verkehrspsychologischen Beratung,
3. zehn Jahre
   a) bei Entscheidungen über eine Straftat, in denen die Fahrerlaubnis entzogen oder eine isolierte Sperre angeordnet worden ist,
   b) bei Entscheidungen über Maßnahmen oder Verzichte nach § 28 Abs. 3 Nr. 5 bis 8 StVG *(dabei handelt es sich um unanfechtbare Versagungen einer Fahrerlaubnis – Nr. 5, unanfechtbare oder sofort vollziehbare Entziehungen, Widerrufe oder Rücknahmen einer Fahrerlaubnis durch Verwaltungsbehörden – Nr. 6, Verzichte auf die Fahrerlaubnis – Nr. 7 sowie unanfechtbare Ablehnungen eines Antrags auf Verlängerung der Geltungsdauer einer Fahrerlaubnis – Nr. 8).*

Eintragungen über Maßnahmen der nach Landesrecht zuständigen Behörde nach § 2a Abs. 2 S. 1 Nr. 1 und 2 StVG *(Anordnung der Teilnahme an einem Aufbauseminar und Verwarnung bei Inhabern einer Fahrerlaubnis auf Probe)* sowie § 4 Abs. 5 S. 1 Nr. 1 und 2 StVG *(Ermahnung und Verwarnung)* werden getilgt, wenn dem Inhaber einer Fahrerlaubnis die Fahrerlaubnis entzogen wird. Sonst erfolgt eine Tilgung bei den Maßnahmen nach § 2a Abs. 2 S. 1 Nr. 1 und 2 StVG ein Jahr nach Ablauf der Probezeit und bei Maßnahmen nach § 4 Abs. 5 S. 1 Nr. 1 und 2 StVG dann, wenn die letzte Eintragung wegen einer Straftat oder Ordnungswidrigkeit getilgt ist.

aa) Tilgungshemmung

Eine Tilgungshemmung ist nicht mehr vorgesehen. Auf die nach den bis zum 30.4.2014 geltenden Regelungen zur Tilgungshemmung – insbesondere bei Neueintragungen – wird ab 1.5.2014 „**aus Gründen der Transparenz und Vereinfachung des Systems verzichtet**".[2] **Stattdessen gelten nun zum Teil verlängerte feste Tilgungsfristen.**

bb) Beginn der Tilgungsfrist

Die Tilgungsfrist beginnt ab 1.5.2014 nach § 29 Abs. 4 StVG **grundsätzlich** einheitlich bei strafgerichtlichen Verurteilungen und Strafbefehlen (S. 1 Nr. 1), bei Entscheidungen der Gerichte nach den §§ 59, 60 StGB und

---

2 Gesetzesbegründung der Bundesregierung, BT-Drucks 17/12636, S. 57.

Einführung

§ 27 des JGG (S. 1 Nr. 2), bei gerichtlichen und verwaltungsbehördlichen Bußgeldentscheidungen sowie anderen Verwaltungsentscheidungen (S. 1 Nr. 3) mit dem Tag der Rechtskraft.

Hingegen bleibt es in § 29 Abs. 4 S. 1 Nr. 4 StVG bei der Regelung, dass die Tilgungsfrist mit dem Tag der Ausstellung der Teilnahmebescheinigung beginnt. Dies betrifft die Speicherung von Teilnahmebescheinigungen für die Aufbauseminare und die verkehrspsychologische Beratung nach § 2a Abs. 2 StVG und neu für die Fahreignungsseminare nach § 4a StVG.

Ausnahmsweise beginnt die Tilgungsfrist nach bei der Versagung oder Entziehung der Fahrerlaubnis wegen mangelnder Eignung, der Anordnung einer Sperre nach § 69a Abs. 1 S. 3 StGB oder bei einem Verzicht auf die Fahrerlaubnis erst mit der Erteilung oder Neuerteilung der Fahrerlaubnis, spätestens jedoch 5 Jahre nach der Rechtskraft der beschwerenden Entscheidung oder dem Verzicht (§ 29 Abs. 5 S. 1 StVG).

> *Hinweis*
>
> Das kann dazu führen, dass Eintragungen, die an sich nach 10 Jahren zu tilgen sind, wegen eines um 5 Jahre hinausgeschobenen Tilgungsfristbeginns insgesamt 15 Jahre bestehen bleiben.

c) Löschung

Nach Eintritt der Tilgungsreife wird eine Eintragung grundsätzlich gelöscht, vorbehaltlich einiger Ausnahmen (§ 29 Abs. 6 S. 1 StVG):

aa) Überliegefrist

Eine Eintragung nach § 28 Abs. 3 Nr. 1 oder 3 StVG wird nach Eintritt der Tilgungsreife erst nach einer Überliegefrist von einem Jahr gelöscht (§ 29 Abs. 6 S. 2 StVG).

Während dieser Überliegefrist darf der Inhalt dieser Eintragung nur noch zu folgenden Zwecken übermittelt, genutzt oder über ihn eine Auskunft erteilt werden (§ 29 Abs. 6 S. 3 StVG):
1. an die nach Landesrecht zuständige Behörde zur Anordnung von Maßnahmen im Rahmen der Fahrerlaubnis auf Probe nach § 2a StVG,
2. an die nach Landesrecht zuständige Behörde zur Ergreifung von Maßnahmen nach dem Fahreignungs-Bewertungssystem nach § 4 Abs. 5 StVG,
3. zur Auskunftserteilung an den Betroffenen nach § 30 Abs. 8 StVG.

bb) Fahrerlaubnis auf Probe

Die Löschung einer Eintragung nach § 28 Abs. 3 Nr. 3 StVG unterbleibt in jedem Fall so lange, wie der Betroffene im Zentralen Fahrerlaubnisregister als Inhaber einer Fahrerlaubnis auf Probe gespeichert ist (§ 29 Abs. 6 S. 4 StVG).

2. Maßnahmen nach dem Fahreignungs-Bewertungssystem

Fahrerlaubnisinhabern, die wiederholt Ordnungswidrigkeiten oder Straftaten im Straßenverkehr begehen, muss Gelegenheit gegeben werden, ihr Verhalten zu ändern.

a) Voraussetzungen

Die im Fahreignungsregister erfassten Straftaten und Ordnungswidrigkeiten werden nach der Schwere der Zuwiderhandlungen und nach ihren Folgen mit 1 bis 3 Punkten bewertet (§ 4 Abs. 2 S. 1, 2 StVG).

Die **Punktbewertung** ist in der Anlage 13 zu § 40 der Fahrerlaubnis-Verordnung (unten S. 127 ff.) enthalten.

Einführung

In dem hier abgedruckten Bußgeldkatalog (S. 34 ff.) nebst Tabellen (S. 111 ff.) ist in der vorletzten Spalte für die Verkehrsordnungswidrigkeiten jeweils die sich nach dieser Bewertung ergebende Punktzahl angegeben.

Für die Bepunktung gelten einige nachfolgende **Sondervorschriften**.

aa) Tateinheit

Bei durch eine Handlung begangenen mehreren Zuwiderhandlungen (z.b. Überfahren des Rotlichts einer Ampel mit Überschreitung der vorgeschriebenen Höchstgeschwindigkeit) wird nur die Zuwiderhandlung mit der höchsten Punktzahl berücksichtigt (§ 4 Abs. 2 S. 4 StVG).

bb) Tatmehrheit

Werden in einer Entscheidung mehrere Straftaten und Verkehrsordnungswidrigkeiten durch mehrere Strafen und Geldbußen geahndet, führt das auch zu einer getrennten Bepunktung jedes Einzelverstoßes.

cc) Punktelöschung

Wird eine Fahrerlaubnis erteilt, dürfen Punkte für vor der Erteilung rechtskräftig gewordene Entscheidungen über Zuwiderhandlungen nicht mehr berücksichtigt werden. Diese Punkte werden gelöscht (§ 4 Abs. 3 S. 1 und 2 StVG).

Dies gilt gem. § 4 Abs. 3 S. 3 StVG **auch**, wenn
1. die Fahrerlaubnis entzogen,
2. eine Sperre nach § 69a Abs. 1 S. 3 StGB angeordnet oder
3. auf die Fahrerlaubnis verzichtet worden ist und die Fahrerlaubnis danach neu erteilt wird.

Dies gilt nach § 4 Abs. 3 S. 4 StVG aber **nicht** bei
1. Entziehung der Fahrerlaubnis nach § 2a Abs. 3 StVG *(wegen Nichtteilnahme an angeordnetem Aufbauseminar bei Fahrerlaubnis auf Probe),*
2. Verlängerung einer Fahrerlaubnis oder
3. Erteilung nach Erlöschen einer befristet erteilten Fahrerlaubnis.

dd) Punkteabzug bei freiwilliger Teilnahme an einem Fahreignungsseminar

Während nach dem bis 30.4.2014 geltenden Recht ein Punkteabzug für mehrere Fallgestaltungen möglich war, **ist ein Punkteabzug seit dem 1.5.2014 nur noch für einen einzigen Fall vorgesehen**:

Nehmen Inhaber einer Fahrerlaubnis freiwillig an einem Fahreignungsseminar teil und legen sie hierüber der nach Landesrecht zuständigen Behörde innerhalb von zwei Wochen nach Beendigung des Seminars eine Teilnahmebescheinigung vor, wird ihnen bei einem Punktestand von ein bis fünf Punkten ein Punkt abgezogen; maßgeblich ist der Punktestand zum Zeitpunkt der Ausstellung der Teilnahmebescheinigung. Der Besuch eines Fahreignungsseminars führt jeweils nur einmal innerhalb von fünf Jahren zu einem Punktabzug. Für den zu verringernden Punktestand und die Berechnung der Fünfjahresfrist ist jeweils das Ausstellungsdatum der Teilnahmebescheinigung maßgeblich (§ 4 Abs. 7 StVG).

Mit dem **Fahreignungsseminar** soll erreicht werden, dass die Teilnehmer sicherheitsrelevante Mängel in ihrem Verkehrsverhalten und insbesondere in ihrem Fahrverhalten erkennen und abbauen. Hierzu sollen die Teilnehmer durch die Vermittlung von Kenntnissen zum Straßenverkehrsrecht, zu Gefahrenpotenzialen und zu verkehrssicherem Verhalten im Straßenverkehr, durch Analyse und Korrektur verkehrssicherheitsgefährdender Verhaltensweisen sowie durch Aufzeigen der Bedingungen und Zusammenhänge des regelwidrigen Verkehrsverhaltens veranlasst werden (§ 4a Abs. 1 StVG).

Einführung

Das **Fahreignungsseminar besteht aus** einer **verkehrspädagogischen und** aus einer **verkehrspsychologischen Teilmaßnahme**, die aufeinander abzustimmen sind. Zur Durchführung sind gem. § 4a Abs. 2 StVG berechtigt
1. für die verkehrspädagogische Teilmaßnahme Fahrlehrer, die über eine Seminarerlaubnis Verkehrspädagogik nach § 31a des Fahrlehrergesetzes und
2. für die verkehrspsychologische Teilmaßnahme Personen, die über eine Seminarerlaubnis Verkehrspsychologie verfügen.

Einzelheiten zur Ausgestaltung der Fahreignungsseminare sind in §§ 42 bis 44 FeV geregelt.

Da das Fahreignungsseminar in der jetzt vorgeschriebenen Art und Weise bisher noch nicht erprobt wurde, ist ausdrücklich eine **Evaluierung** des Fahreignungsseminars, der Vorschriften hierzu und des Vollzugs durch die Bundesanstalt für Straßenwesen vorgesehen, die insbesondere zu untersuchen hat, ob das Fahreignungsseminar eine verhaltensverbessernde Wirkung im Hinblick auf die Verkehrssicherheit hat. Die Bundesanstalt für Straßenwesen legt das Ergebnis der Evaluierung bis zum 1.5.2019 dem Bundesministerium für Verkehr, Bau und Stadtentwicklung in einem Bericht zur Weiterleitung an den Deutschen Bundestag vor (§ 4b StVG).

Mit Rücksicht auf den Modellversuch-Charakter des § 4 Abs. 7 StVG ist diese Vorschrift mit Ablauf des 30.4.2020 nicht mehr anzuwenden mit der Maßgabe, dass eine Teilnahmebescheinigung für ein Fahreignungsseminar, das spätestens an dem vorstehend genannten Tag begonnen worden ist, noch binnen der in § 4 Abs. 7 S. 1 StVG genannten Frist von 2 Wochen mit der Rechtsfolge des § 4 Abs. 7 vorgelegt werden kann (§ 65 Abs. 4 StVG).

ee) Auskunft über persönlichen Punktestand

Dem Betroffenen wird auf Antrag schriftlich über den ihn betreffenden Inhalt des Fahreignungsregisters und über die Punkte unentgeltlich Auskunft erteilt; der Antragsteller hat dem Antrag einen Identitätsnachweis beizufügen (§ 30 Abs. 8 StVG).

Als Identitätsnachweis werden anerkannt
1. die amtliche Beglaubigung der Unterschrift,
2. die Ablichtung des Personalausweises oder des Passes oder
3. bei persönlicher Antragstellung der Personalausweis, der Pass oder der behördliche Dienstausweis;

für die Auskunft an einen beauftragten Rechtsanwalt ist die Vorlage einer entsprechenden Vollmachtserklärung oder einer beglaubigten Ausfertigung hiervon erforderlich (§ 64 FeV).

Das Kraftfahrt-Bundesamt stellt im Internet „*www.kba.de*" unter der Rubrik „Ihr Punktestand?" **ein Formular zur Verfügung, das ausgedruckt und ausgefüllt an das Kraftfahrt-Bundesamt zurückgesandt werden kann.**

Am einfachsten ist es für den an Auskunft Interessierten, wenn er sich eine Kopie der Vorder- und Rückseite seines Personalausweises oder Reisepasses beschafft und diese folgendem Schreiben beifügt:

Einführung

Muster: Antrag auf Auskunft aus dem Verkehrszentralregister

An das

Kraftfahrt-Bundesamt

24932 Flensburg

Antrag auf Auskunft aus dem Verkehrszentralregister

Ich beantrage, mir Auskunft über die zu meiner Person im Verkehrszentralregister erfassten Entscheidungen zu erteilen. Eine Kopie der Vorder- und Rückseite meines Personalausweises oder Reisepasses füge ich bei.

Geburtsdatum:

Geburtsname:

Familienname (nur bei Abweichung vom Geburtsnamen erforderlich):

Sämtliche Vornamen:

Geburtsort:

Postleitzahl und Wohnort:

Straße und Hausnummer:

Datum, Unterschrift des Antragstellers

---

b) Art der Maßnahmen

Sie knüpfen an das Erreichen einer bestimmten Punktzahl entsprechend der Bepunktung der Verkehrsverstöße an; dabei ist die nach Landesrecht zuständige Behörde in vollem Umfang an die rechtskräftige Entscheidung über die Ordnungswidrigkeit oder Straftat gebunden und muss nicht noch einmal prüfen, ob der Fahrerlaubnisinhaber die Tat tatsächlich begangen hat. **Sie hat für das Ergreifen der Maßnahmen auf den Punktestand abzustellen**, der sich zum Zeitpunkt der Begehung der letzten zur Ergreifung der Maßnahme führenden Straftat oder Ordnungswidrigkeit ergeben hat. Bei der Berechnung des Punktestandes werden nur die Zuwiderhandlungen berücksichtigt, deren Tilgungsfrist zu dem zuvor genannten Zeitpunkt noch nicht abgelaufen war. Spätere Verringerungen des Punktestandes auf Grund von Tilgungen bleiben unberücksichtigt (§ 4 Abs. 3 S. 1, 2 StVG).

Das Punkt- bzw. Fahreignungs-Bewertungssystem ist allerdings nicht anzuwenden, wenn sich die Notwendigkeit früherer oder anderer Maßnahmen aufgrund anderer Vorschriften, insbesondere die Entziehung der Fahrerlaubnis nach den allgemeinen Vorschriften, ergibt (§ 4 Abs. 1 S. 3 StVG).

Zur Vorbereitung der Maßnahmen hat das Kraftfahrt-Bundesamt bei Erreichen entsprechender Punktestände der nach Landesrecht zuständigen Behörde die vorhandenen Eintragungen aus dem Fahreignungsregister zu übermitteln (§ 4 Abs. 8 StVG).

Vorgesehen sind nachfolgende Maßnahmen.

aa) Bei 4 oder 5 Punkten: Ermahnung und Hinweis auf Fahreignungsseminar

Ergeben sich vier oder fünf Punkte, ist der Inhaber einer Fahrerlaubnis beim Erreichen eines dieser Punktestände schriftlich zu ermahnen (§ 4 Abs. 5 S. 1 Nr. 1 StVG). Die Ermahnung enthält daneben zum einen den

Einführung

Hinweis, dass ein Fahreignungsseminar nach § 4a StVG freiwillig besucht werden kann, um das Verkehrsverhalten zu verbessern (§ 4 Abs. 5 S. 2 StVG – siehe dazu oben S. 19 unter A. II. 2. a) dd)) sowie zum anderen die Angabe der begangenen Verkehrszuwiderhandlungen (§ 41 Abs. 1 FeV).

bb) Bei 6 oder 7 Punkten: Verwarnung und Hinweis auf Fahreignungsseminar

Ergeben sich sechs oder sieben Punkte, ist der Inhaber einer Fahrerlaubnis beim Erreichen eines dieser Punktestände schriftlich zu verwarnen (§ 4 Abs. 5 S. 1 Nr. 2 StVG). Die Verwarnung enthält daneben den Hinweis, dass ein Fahreignungsseminar nach § 4a StVG freiwillig besucht werden kann, um das Verkehrsverhalten zu verbessern (§ 4 Abs. 5 S. 2 StVG – siehe dazu oben S. 19 unter A. II. 2. a) dd)), sowie die Angabe der begangenen Verkehrszuwiderhandlungen (§ 41 Abs. 1 FeV).

cc) Bei 8 oder mehr Punkten: Entziehung der Fahrerlaubnis

Ergeben sich acht oder mehr Punkte, gilt der Inhaber einer Fahrerlaubnis als ungeeignet zum Führen von Kraftfahrzeugen und die Fahrerlaubnis ist zu entziehen (§ 4 Abs. 5 S. 1 Nr. 3 StVG).

dd) Stufenweises Vorgehen

Die nach Landesrecht zuständige Behörde hat gegenüber den Inhabern einer Fahrerlaubnis die vorbeschriebenen Maßnahmen stufenweise zu ergreifen (§ 4 Abs. 5 S. 1 StVG).

Durch die Aufnahme des Begriffes „stufenweise" im Gesetz soll klargestellt werden, dass der Inhaber einer Fahrerlaubnis alle Stufen jeweils durchlaufen muss: Ergibt sich ein Punktestand, auf Grund dessen die nach Landesrecht zuständige Behörde Maßnahmen nach § 4 Abs. 5 S. 1 Nr. 2 oder 3 zu ergreifen hat, darf sie diese Maßnahmen nur ergreifen, wenn die jeweils davor liegende Maßnahme nach § 4 Abs. 5 S. 1 Nr. 1 oder 2 bereits zuvor ergriffen worden ist.

Erreicht oder überschreitet der Inhaber einer Fahrerlaubnis sechs oder acht Punkte, ohne dass die nach Landesrecht zuständige Behörde die Maßnahme nach § 4 Abs. 5 S. 1 Nr. 1 ergriffen hat, verringert sich der Punktestand auf fünf Punkte. Erreicht oder überschreitet der Inhaber einer Fahrerlaubnis acht Punkte, ohne dass die nach Landesrecht zuständige Behörde die Maßnahme nach § 4 Abs. 5 S. 1 Nr. 2 ergriffen hat, verringert sich der Punktestand auf sieben Punkte. Spätere Verringerungen auf Grund von Tilgungen werden von dem sich nach diesen beiden Sätzen ergebenden Punktestand abgezogen (§ 4 Abs. 6 StVG).

ee) Sofortige Vollstreckbarkeit der Entziehung der Fahrerlaubnis

Widerspruch und Anfechtungsklage gegen die Entziehung der Fahrerlaubnis nach § 4 Abs. 5 S. 1 Nr. 3 StVG haben keine aufschiebende Wirkung (§ 4 Abs. 9 StVG).

ff) Neuerteilung einer Fahrerlaubnis nach Entziehung oder Verzicht

Sie hängt unbeschadet der übrigen Voraussetzungen vom Vorliegen nachfolgender besonderer Bedingungen ab.

(1) Sperrfrist

Ist die Fahrerlaubnis wegen Erreichens von 8 oder mehr Punkten entzogen worden, darf eine neue Fahrerlaubnis frühestens **sechs Monate** nach Wirksamkeit der Entziehung erteilt werden; das gilt auch bei einem Verzicht auf die Fahrerlaubnis, wenn zum Zeitpunkt der Wirksamkeit des Verzichtes mindestens zwei Entscheidungen nach § 28 Abs. 3 Nr. 1 oder 3 StGB gespeichert waren; die Frist beginnt mit der Ablieferung des Führerscheins (§ 4 Abs. 10 S. 1 bis 3 StVG).

Einführung

(2) Gutachten einer amtlich anerkannten Begutachtungsstelle für Fahreignung
Die Beibringung solchen Gutachtens zum Nachweis, dass die Eignung zum Führen von Kraftfahrzeugen wieder hergestellt ist, hat die nach Landesrecht zuständige Behörde vor Neuerteilung der Fahrerlaubnis **in der Regel anzuordnen** (§ 4 Abs. 10 S. 3 StVG).

gg) Maßnahmen nach Neuerteilung einer Fahrerlaubnis
Da bei Neuerteilung einer Fahrerlaubnis die Punkte für die vor dieser Entscheidung begangenen Zuwiderhandlungen gelöscht werden – es sei denn, dass die Entziehung der Fahrerlaubnis wegen Nichtteilnahme an einem angeordneten Aufbauseminar erfolgte –, beginnt mit der Neuerteilung der Fahrerlaubnis eine **neue Punktrechnung**, die dann wieder bei Erreichen der dafür bestimmten Punkteanzahl zu den dafür vorgesehenen Maßnahmen führt – falls sich nicht die Notwendigkeit früherer oder anderer Maßnahmen aufgrund anderer Vorschriften ergibt (§ 4 Abs. 1 S. 3 StVG).

3. Überführung der Regelungen über das Verkehrszentralregister und das Punktsystem in die Regelungen über das Fahreignungsregister und das Fahreignungs-Bewertungssystem
a) Vom Verkehrszentralregister zum Fahreignungsregister
aa) Löschung „alter" Entscheidungen

Entscheidungen, die nach § 28 Abs. 3 StVG in der bis zum 30.4.2014 anwendbaren Fassung im Verkehrszentralregister gespeichert worden sind und nach § 28 Abs. 3 StVG in der ab dem 1.5.2014 anwendbaren Fassung nicht mehr zu speichern wären, werden am 1.5.2014 gelöscht (§ 65 Abs. 3 Nr. 1 S. 1 StVG). Betroffen sind alle Eintragungen wegen Entscheidungen über Straftaten und Ordnungswidrigkeiten, die nicht zu Maßnahmen nach dem Fahreignungs-Bewertungssystem führen, also nicht in der Anlage 13 zu § 40 FeV aufgelistet sind, sowie die Eintragungen wegen Entscheidungen ausländischer Gerichte und Behörden, in denen Inhabern einer deutschen Fahrerlaubnis das Recht aberkannt wurde, von der Fahrerlaubnis in dem betreffenden Land Gebrauch zu machen.

Für die Feststellung, ob eine Entscheidung nach § 28 Abs. 3 StVG in der ab dem 1.5.2014 anwendbaren Fassung nicht mehr zu speichern wäre, bleibt die Höhe der festgesetzten Geldbuße außer Betracht (§ 65 Abs. 3 Nr. 1 S. 2 StVG). Diese Ergänzung des Gesetzentwurfs geht auf einen Vorschlag des Bundesrats zurück, der in seiner Stellungnahme zum Gesetzentwurf der Bundesregierung zur Begründung ausgeführt hat:[3]

„Mit dieser Ergänzung wird klargestellt, dass sich die Löschung von Entscheidungen bei Ordnungswidrigkeiten nach deren Tatbestand, nicht jedoch nach der Bußgeldhöhe richtet. Dies ist in Anbetracht der geänderten Eintragungsgrenze in § 28 Abs. 3 Nr. 3 Buchstabe a Doppelbuchstabe bb angezeigt. Ohne diese Ergänzung könnten die Vorschriften dahingehend ausgelegt werden, dass Ordnungswidrigkeiten, die nach bisherigem Recht unter Berücksichtigung der bisherigen Eintragungsgrenze von 40 Euro geahndet und gespeichert wurden und die neue Eintragungsgrenze von 60 Euro nicht erreichen, gelöscht werden müssen. Dies ist durch den Gesetzentwurf nicht intendiert, da bei der Ahndung der betreffenden Taten die angehobene Eintragungsgrenze und die gegebenenfalls entsprechend angehobenen Bußgeldregelsätze noch gar nicht berücksichtigt werden konnten."

---

3 BT-Drucks 17/12636, S. 73.

Einführung

bb) Speicherdauer für „alte" Entscheidungen und Tilgung

Die übrigen – nicht gelöschten – Entscheidungen, die vor dem 30.4.2014 gespeichert worden sind, werden für eine Übergangszeit von fünf Jahren, also bis zum Ablauf des 30.4.2019 nach den Bestimmungen des § 29 StVG in der bis zum Ablauf des 30.4.2014 anwendbaren Fassung getilgt und gelöscht (§ 65 Abs. 3 Nr. 2 S. 1 StVG).

Dabei gelten insbesondere die Regelungen zur Tilgungshemmung fort; doch kann eine Ablaufhemmung nach § 29 Abs. 6 S. 2 in der bis zum Ablauf des 30.4.2014 anwendbaren Fassung nicht durch Entscheidungen, die erst ab dem 1.5.2014 im Fahreignungsregister gespeichert werden, ausgelöst werden (§ 65 Abs. 3 Nr. 2 S. 2 StVG). Mit dieser vorübergehenden teilweisen Beibehaltung der Hemmungsregelungen soll ein kontinuierlicher Übergang erreicht und vermieden werden, dass eingetragene Entscheidungen innerhalb eines Registervorganges „auf einen Schlag" zum Stichtag getilgt werden müssen und damit eine nicht gewollte, faktische Teilamnestie für „Verkehrssünder" eintreten würde.[4]

Für Entscheidungen wegen Ordnungswidrigkeiten nach § 24a StVG gilt § 65 Abs. 3 Nr. 2 S. 1 StVG mit der Maßgabe, dass sie spätestens fünf Jahre nach Rechtskraft der Entscheidung getilgt werden (§ 65 Abs. 3 Nr. 2 S. 3 StVG).

Ab dem 1.5.2019 gilt
a) für die Berechnung der Tilgungsfrist § 29 Abs. 1 bis 5 StVG in der ab dem 1.5.2014 anwendbaren Fassung mit der Maßgabe, dass die nach S. 1 bisher abgelaufene Tilgungsfrist angerechnet wird,
b) für die Löschung § 29 Abs. 6 StVG in der ab dem 1.5.2014 anwendbaren Fassung (§ 65 Abs. 3 Nr. 2 S. 4 StVG).

Das kann **zum Einen** Straftaten mit einer bisher zehnjährigen Tilgungsfrist plus einem Jahr Überliegefrist betreffen. Sofern es sich hierbei um Entscheidungen wegen Straftaten nach § 315c Abs. 1 Nr. 1 Buchst. a oder den §§ 316 oder 323a StGB handelt, ist dann zu prüfen, ob die hierfür nun geltende Tilgungsfrist von 5 Jahren plus ein Jahr Überliegefrist bereits abgelaufen ist. Ist das der Fall, wird eine solche Eintragung gelöscht. Anderenfalls bleibt die bis zum Erreichen der neuen Frist gespeichert. Bei anderen Straftaten ändert sich nach neuem Recht nichts.

Das können **zum Zweiten** Straftaten mit einer fünfjährigen Tilgungsfrist sein, die sich noch in der Überliegefrist befinden. Hier ändert sich nach neuem Recht nichts.

Und das können **zum Dritten** in der Tilgung gehemmte Eintragungen sein. Sofern für diese alten Eintragungen die für sie geltende Tilgungsfrist nach neuem Recht plus ein Jahr Überliegefrist bereits abgelaufen ist, werden diese Eintragungen gelöscht. Anderenfalls bleiben sie bis zum Ablauf der neuen Frist gespeichert; eine Hemmung ist hierbei dann nicht mehr zu berücksichtigen.

cc) Geltung neuen Rechts für alle nach dem 1.5.2014 im Fahreignungsregister gespeicherten Entscheidungen

Alle Entscheidungen, die **ab dem 1.5.2014** im Fahreignungsregister gespeichert werden, **unterliegen unabhängig vom dem Datum der Rechtskraft** der Entscheidung ausschließlich **dem** dann geltenden **neuen Recht** (§ 65 Abs. 3 Nr. 3 StVG). Die Vorschrift ist aus Praktikabilitätsgründen für die Handhabung der Umstellung im KBA erforderlich.[5]

---

[4] So die Bundesregierung in ihrer Begründung zum Gesetzentwurf, BT-Drucks 17/12636, S. 60.
[5] So die Bundesregierung in ihrer Begründung zum Gesetzentwurf, BT-Drucks 17/12636, S. 61.

Einführung

b) Umrechnung „alter" Punktestände in „neue" Punktestände

Personen, zu denen bis zum Ablauf des 30.4.2014 im Verkehrszentralregister eine oder mehrere Entscheidungen nach § 28 Abs. 3 S. 1 Nr. 1 bis 3 StVG in der bis zum Ablauf des 30.4.2014 anwendbaren Fassung gespeichert worden sind, werden wie folgt in das Fahreignungs-Bewertungssystem eingeordnet (§ 65 Abs. 3 Nr. 4 S. 1 StVG):

Punktestand vor dem 1. Mai 2014	Fahreignungs-Bewertungssystem ab dem 1. Mai 2014	
	Punktestand	Stufe
1–3	1	**Vormerkung** (§ 4 Abs. 4 StVG)
4–5	2	
6–7	3	
8–10	4	1: **Ermahnung** (§ 4 Abs. 5 S. 1 Nr. 1 StVG)
11–13	5	
14–15	6	2: **Verwarnung** (§ 4 Abs. 5 S. 1 Nr. 2 StVG)
16–17	7	
>= 18	8	3: **Entzug** (§ 4 Abs. 5 S. 1 Nr. 3 StVG)

Die am 1.5.2014 erreichte Stufe wird für Maßnahmen nach dem Fahreignungs-Bewertungssystem zugrunde gelegt. Die Einordnung nach Satz 1 führt allein nicht zu einer Maßnahme nach dem Fahreignungs-Bewertungssystem (§ 65 Abs. 3 Nr. 4 S. 2, 3 StVG). Vielmehr führen nur eine Zuwiderhandlung und das hierauf folgende erstmalige Erreichen einer Maßnahmenstufe – nach altem wie nach neuem Recht – zu einer Maßnahme. Dies hat die nach Landesrecht zuständige Behörde im Einzelfall zu prüfen und zu entscheiden.

c) Überführung der Regelungen über Punkteabzüge und Aufbauseminare

Punkteabzüge nach § 4 Abs. 4 S. 1 und 2 StVG in der bis zum Ablauf des 30.4.2014 anwendbaren Fassung sind nur noch vorzunehmen, wenn die Bescheinigung über die Teilnahme an einem freiwilligen Aufbauseminar oder einer freiwillig besuchten verkehrspsychologischen Beratung bis zum Ablauf des 30.4.2014 der nach Landesrecht zuständigen Behörde vorgelegt worden ist; Punkteabzüge nach § 4 Abs. 4 S. 1 und 2 StVG in der bis zum Ablauf des 30.4.2014 anwendbaren Fassung bleiben bis zur Tilgung der letzten Eintragung wegen einer Straftat oder einer Ordnungswidrigkeit nach § 28 Abs. 3 Nr. 1 bis 3 in der bis zum Ablauf des 30.4.2014 anwendbaren Fassung, längstens aber zehn Jahre ab dem 1.5.2014 im Fahreignungsregister gespeichert (§ 65 Abs. 3 Nr. 5 Buchst. a StVG).

Aufbauseminare, die bis zum Ablauf des 30.4.2014 nach § 4 Abs. 3 S. 1 Nr. 2 in der bis zum Ablauf des 30.4.2014 anwendbaren Fassung angeordnet, aber bis zum Ablauf des 30.4.2014 nicht abgeschlossen worden sind, sind bis zum Ablauf des 30.11.2014 nach dem bis zum Ablauf des 30.4.2014 anwendbaren Recht durchzuführen (§ 65 Abs. 3 Nr. 5 Buchst. c StVG). Damit soll sichergestellt werden, dass die Inhaber einer Fahrerlaubnis, die eine Anordnung nach bisherigem Recht erhalten haben, das angeordnete Aufbauseminar auch noch absolvieren können. Sollten die Anbieter von Aufbauseminaren diese ab dem Tag des Inkrafttretens des Gesetzes jedoch nicht mehr anbieten, kann der Fahrerlaubnisinhaber anstatt des Aufbauseminars an der verkehrspädagogischen Teilmaßnahme des Fahreignungsseminars teilnehmen (§ 65 Abs. 3 Nr. 5 Buchst. d StVG).

Einführung

Änderungen des **Punktestandes** auf Grund von Tilgungen nach Inkrafttreten des Gesetzes oder auf Grund von noch zu gewährenden Punkterabatten **werden nachträglich vorgenommen** (§ 65 Abs. 3 Nr. 6 StVG). Auch wenn für den Betroffenen die Umstellung nach der Überführungstabelle bereits vorgenommen worden ist, muss nach Vorliegen der die Punktereduzierung rückwirkend auslösenden Umstände (Tilgung, Punkterabatt) die Umrechnung erneut vorgenommen werden. Für den Betroffenen wird also die Punktereduzierung in dem vor dem Inkrafttreten des Gesetzes bestehenden Rechensystem vollzogen und erst dann erneut die Überführung nach der in Nr. 4 geregelten Überführungstabelle vorgenommen. Dies führt zur Aktualisierung der Einstufung auf der Grundlage des nach der Überführungstabelle erreichten Punktestandes.

4. Maßnahmen bei Inhabern einer Fahrerlaubnis auf Probe

Fahranfänger erhalten eine Fahrerlaubnis auf Probe; die Probezeit dauert 2 Jahre (§ 2a Abs. 1 S. 1 StVG).

Auch **für sie gilt das** zuvor beschriebene **Fahreignungs-Bewertungssystem**; denn das Fahreignungs-Bewertungssystem und die Regelungen über die Fahrerlaubnis auf Probe sind nebeneinander anzuwenden (§ 4 Abs. 1 S. 4 StVG). Vor und während der Probezeit begangene Verstöße werden also auch bepunktet und können zu Maßnahmen nach dem Fahreignungs-Bewertungssystem führen. **Daneben gelten** jedoch **besondere Regelungen** über Maßnahmen bei der Fahrerlaubnis auf Probe.

Abgesehen von der Möglichkeit, die Fahrerlaubnis nach den allgemeinen Regeln zu entziehen (§ 2a Abs. 4 StVG), werden besondere Maßnahmen jeweils angeordnet, wenn der Inhaber der Fahrerlaubnis auf Probe innerhalb der Probezeit Straftaten oder Ordnungswidrigkeiten begangen hat und derentwegen eine rechtskräftige in das Fahreignungsregister einzutragende Entscheidung ergangen ist, und zwar auch dann, wenn die Probezeit inzwischen abgelaufen ist (§ 2a Abs. 2 Nr. 1 bis 3 StVG).

Auf den späteren Zeitpunkt, zu dem die Strafe oder Geldbuße festgesetzt wird, kommt es nicht an.

a) Voraussetzungen

Die im Fahreignungsregister erfassten Straftaten und Ordnungswidrigkeiten werden nach „**schwerwiegenden Zuwiderhandlungen**" und „**weniger schwerwiegenden Zuwiderhandlungen**" unterschieden.

Die **Bewertung von Zuwiderhandlungen** ist in der Anlage 12 zu § 34 FeV (unten S. 125 f.) enthalten.

Im hier abgedruckten Bußgeldkatalog (S. 34 ff.) nebst Tabellen (S. 111 ff.) sind in der letzten Spalte jeweils die Verkehrsordnungswidrigkeiten bezeichnet, bei denen es sich um „schwerwiegende Zuwiderhandlungen" handelt.

b) Art der Maßnahmen

Sie knüpfen an die in Anlage 12 zu § 34 FeV geregelte Bewertung von Zuwiderhandlungen als „schwerwiegend" und „weniger schwerwiegend" an.

Die Fahrerlaubnisbehörde ist bei der Anordnung einer Maßnahme in vollem Umfang an die rechtskräftige Entscheidung über die Ordnungswidrigkeit oder Straftat gebunden (§ 2a Abs. 2 S. 2 StVG) und muss nicht noch einmal prüfen, ob der Fahranfänger die Tat tatsächlich begangen hat.

Zur Vorbereitung der Maßnahmen hat das Kraftfahrt-Bundesamt die Fahrerlaubnisbehörden zu unterrichten, wenn über den Inhaber einer Fahrerlaubnis auf Probe Entscheidungen in das Fahreignungsregister eingetragen werden, die zu entsprechenden Anordnungen führen können (§ 2c StVG; § 50 FeV).

Vorgesehen sind nachfolgende Maßnahmen.

Einführung

aa) Teilnahme an Aufbauseminar für Fahrerlaubnisinhaber auf Probe

Sie ist anzuordnen, wenn
- der Inhaber einer Fahrerlaubnis auf Probe **eine schwerwiegende Zuwiderhandlung oder zwei weniger schwerwiegende Zuwiderhandlungen** begangen hat (§ 2a Abs. 2 Nr. 1 StVG) oder
- die Fahrerlaubnisbehörde nach Auswertung eines Gutachtens einer amtlich anerkannten Begutachtungsstelle für Fahreignung die Nichteignung für nicht erwiesen hält (§ 2a Abs. 4 S. 2 StVG).

Die **Probezeit verlängert sich um zwei Jahre**, wenn die Teilnahme an einem Aufbauseminar angeordnet worden ist oder wenn die Anordnung nur deshalb nicht erfolgt ist, weil die Fahrerlaubnis entzogen worden ist oder der Inhaber der Fahrerlaubnis auf sie verzichtet hat (§ 2a Abs. 2a StVG).

Die Teilnehmer an Aufbauseminaren sollen durch Mitwirkung an Gruppengesprächen und an einer Fahrprobe veranlasst werden, eine **risikobewusstere Einstellung im Straßenverkehr** zu entwickeln und sich dort **sicher und rücksichtsvoll zu verhalten** (§ 2b Abs. 1 S. 1 StVG).

Es gibt verschiedene Arten von Aufbauseminaren.

(1) Gewöhnliches Aufbauseminar

Es wird von **Fahrlehrern** durchgeführt, die Inhaber einer entsprechenden Erlaubnis nach dem Fahrlehrergesetz sind (§ 2b Abs. 2 S. 1 StVG). Die Seminarerlaubnis wird nach erfolgreicher Teilnahme an einem Einweisungslehrgang erteilt (§ 31 des Fahrlehrergesetzes).

Für dieses Aufbauseminar gelten die Vorschriften des § 35 FeV.

Zum **äußeren Ablauf** dieses Aufbauseminars ist vorgeschrieben:

Das Aufbauseminar ist in Gruppen mit mindestens 6 und höchstens 12 Teilnehmern durchzuführen. Es besteht aus einem Kurs mit 4 Sitzungen von jeweils 135 Minuten Dauer in einem Zeitraum von 2 bis 4 Wochen; jedoch darf an einem Tag nicht mehr als eine Sitzung stattfinden. Zusätzlich ist zwischen der ersten und der zweiten Sitzung eine Fahrprobe durchzuführen, die der Beobachtung des Fahrverhaltens des Seminarteilnehmers dient. Die Fahrprobe soll in Gruppen mit 3 Teilnehmern durchgeführt werden, wobei die reine Fahrzeit jedes Teilnehmers 30 Minuten nicht unterschreiten darf.

Zum **Inhalt** des Aufbauseminars ist bestimmt:

In den Kursen sind die Verkehrszuwiderhandlungen, die bei den Teilnehmern zur Teilnahme an dem Aufbauseminar geführt haben, und die Ursachen dafür zu diskutieren und daraus ableitend allgemeine Probleme und Schwierigkeiten zu erörtern. Durch Gruppengespräche, Verhaltensbeobachtung in der Fahrprobe, Analyse problematischer Verkehrssituationen und durch weitere Informationsvermittlung soll ein sicheres und rücksichtsvolles Fahrverhalten erreicht werden. Dabei soll insbesondere die Einstellung zum Verhalten im Straßenverkehr geändert, das Risikobewusstsein gefördert und die Gefahrenerkennung verbessert werden.

(2) Besonderes Aufbauseminar

Besondere Aufbauseminare sind vorgeschrieben für Inhaber einer Fahrerlaubnis auf Probe, die unter dem **Einfluss von Alkohol oder** anderer **berauschender Mittel** am Verkehr teilgenommen haben (§ 2b Abs. 2 S. 2 StVG) – und zwar auch dann, wenn sie noch andere Verkehrszuwiderhandlungen begangen haben (§ 36 Abs. 1 FeV).

Die besonderen Aufbauseminare werden von hierfür amtlich anerkannten Kursleitern mit besonderer Qualifikation (u.a. Abschluss eines Hochschulstudiums als Diplom-Psychologe oder eines gleichwertigen Master-Abschlusses in Psychologie durchgeführt.

Einführung

Zum **äußeren Ablauf** dieses Aufbauseminars ist vorgeschrieben:
Das besondere Aufbauseminar ist in Gruppen mit mindestens 6 und höchstens 12 Teilnehmern durchzuführen. Es besteht aus einem Kurs mit einem Vorgespräch und 3 Sitzungen von jeweils 180 Minuten Dauer in einem Zeitraum von 2 bis 4 Wochen sowie der Anfertigung von Kursaufgaben zwischen den Sitzungen.

Zum **Inhalt** des Aufbauseminars ist bestimmt:
In den Kursen sind die Ursachen, die bei den Teilnehmern zur Teilnahme an einem Aufbauseminar geführt haben, zu diskutieren und Möglichkeiten für ihre Beseitigung zu erörtern. Wissenslücken der Kursteilnehmer über die Wirkung des Alkohols und anderer berauschender Mittel auf die Verkehrsteilnehmer sollen geschlossen und individuell angepasste Verhaltensweisen entwickelt und erprobt werden, um insbesondere Trinkgewohnheiten zu ändern sowie „Trinken" und „Fahren" künftig zuverlässig zu trennen. Durch die Entwicklung geeigneter Verhaltensmuster sollen die Kursteilnehmer in die Lage versetzt werden, einen Rückfall und weitere Verkehrszuwiderhandlungen unter Alkoholeinfluss oder dem Einfluss anderer berauschender Mittel zu vermeiden. Zusätzlich ist auf die Problematik der wiederholten Verkehrszuwiderhandlungen einzugehen.

(3) Einzelseminar
Die Teilnahme an einem Einzelseminar kann die Fahrerlaubnisbehörde **auf Antrag** gestatten (§ 2b Abs. 1 S. 2 StVG).

Für **Ablauf** und **Inhalt** des Einzelseminars gelten die für Gruppenseminare vorgesehenen Vorschriften mit der Maßgabe, dass die Gespräche
- bei gewöhnlichem Seminar in 4 Sitzungen von jeweils 60 Minuten Dauer durchzuführen sind (§ 35 Abs. 3), und
- bei besonderem Seminar in 3 Sitzungen von jeweils 90 Minuten Dauer (§ 36 Abs. 5 FeV).

bb) Verwarnung unter Hinweis auf verkehrspsychologische Beratung

Wenn der Inhaber einer Fahrerlaubnis auf Probe **nach Teilnahme an einem Aufbauseminar** innerhalb der Probezeit **eine weitere schwerwiegende Zuwiderhandlung oder zwei weitere weniger schwerwiegende Zuwiderhandlungen** begangen hat, muss die Fahrerlaubnisbehörde ihn schriftlich verwarnen und ihm nahe legen, innerhalb von zwei Monaten an einer verkehrspsychologischen Beratung teilzunehmen (§ 2a Abs. 2 S. 1 Nr. 2 StVG).

Zur verkehrspsychologischen Beratung bestimmt § 2a Abs. 7 StVG:

In der verkehrspsychologischen Beratung soll der Inhaber einer Fahrerlaubnis auf Probe veranlasst werden, Mängel in seiner Einstellung zum Straßenverkehr und im verkehrssicheren Verhalten zu erkennen und die Bereitschaft zu entwickeln, diese Mängel abzubauen. Die Beratung findet in Form eines Einzelgesprächs statt. Sie kann durch eine Fahrprobe ergänzt werden, wenn der Berater dies für erforderlich hält. Der Berater soll die Ursachen der Mängel aufklären und Wege zu ihrer Beseitigung aufzeigen. Erkenntnisse aus der Beratung sind nur für den Inhaber einer Fahrerlaubnis auf Probe bestimmt und nur diesem mitzuteilen. Der Inhaber einer Fahrerlaubnis auf Probe erhält jedoch eine Bescheinigung über die Teilnahme zur Vorlage bei der nach Landesrecht zuständigen Behörde.

Die Beratung darf nur von einer Person durchgeführt werden, die hierfür amtlich anerkannt ist. Die amtliche Anerkennung ist zu erteilen, wenn der Bewerber
1. persönlich zuverlässig ist,
2. über den Abschluss eines Hochschulstudiums als Diplom-Psychologe oder eines gleichwertigen Masterabschlusses in Psychologie verfügt und

Einführung

3. eine Ausbildung und Erfahrungen in der Verkehrspsychologie nach näherer Bestimmung durch Rechtsverordnung nach § 6 Abs. 1 Nr. 1 Buchst. u StVG nachweist. Die nähere Bestimmung enthält § 71 FeV.

cc) Entziehung der Fahrerlaubnis

Sie ist anzuordnen unter nachfolgenden Voraussetzungen.

(1) Erfolglosigkeit der Verwarnung

Die Fahrerlaubnis ist zu entziehen, wenn der Inhaber der Fahrerlaubnis nach Ablauf von 2 Monaten seit der Verwarnung **erneut eine weitere schwerwiegende Zuwiderhandlung oder zwei weitere weniger schwerwiegende Zuwiderhandlungen** begangen hat (§ 2a Abs. 2 S. 1 Nr. 3 StVG).

Diese Folge tritt unabhängig davon ein, ob der Fahrerlaubnisinhaber sich der bei der Verwarnung ausgesprochenen Empfehlung entsprechend hat psychologisch beraten lassen oder auf solche Beratung verzichtet hat.

(2) Nichtbefolgung von Anordnungen

Die Fahrerlaubnis ist auch zu entziehen, wenn der Inhaber der Fahrerlaubnis entgegen entsprechender Anordnung an einem Aufbauseminar nicht teilnimmt (§ 2a Abs. 3 und Abs. 4 S. 3 StVG).

dd) Sofortige Vollstreckbarkeit

Rechtsmittel gegen die Anordnung des Aufbauseminars und die Entziehung der Fahrerlaubnis wegen Nichtteilnahme am Aufbauseminar oder wegen Erfolglosigkeit der Verwarnung haben keine aufschiebende Wirkung (§ 2a Abs. 6 StVG).

ee) Neuerteilung einer Fahrerlaubnis auf Probe nach Entziehung oder Verzicht

Die Probezeit endet vorzeitig, wenn die Fahrerlaubnis entzogen wird oder der Inhaber auf sie verzichtet; in diesem Fall beginnt mit der Erteilung einer neuen Fahrerlaubnis eine **neue Probezeit**, jedoch nur im Umfang der **Restdauer** der vorherigen Probezeit (§ 2a Abs. 1 S. 6 und 7 StVG).

Die Neuerteilung einer Fahrerlaubnis auf Probe hängt unbeschadet der übrigen Voraussetzungen vom Vorliegen der nachfolgenden besonderer Bedingungen ab.

(1) Sperrfrist

Ist die Fahrerlaubnis wegen Erfolglosigkeit der Verwarnung entzogen worden, darf eine neue Fahrerlaubnis frühestens **drei Monate** nach Wirksamkeit der Entziehung erteilt werden; die Frist beginnt mit der Ablieferung des Führerscheins (§ 2a Abs. 5 S. 3 StVG).

Der Antrag auf Neuerteilung der Fahrerlaubnis kann allerdings sogleich gestellt werden, weil die Fahrerlaubnisbehörde oder die nach Landesrecht zuständige Behörde mit der Bearbeitung eines Antrags auf Neuerteilung der Fahrerlaubnis in der Regel etwa drei Monate vor Ablauf der Sperrfrist beginnen wird. Rechtzeitige Antragstellung empfiehlt sich, wenngleich über die Erteilung einer neuen Fahrerlaubnis frühestens am Tage nach Ablauf der Sperrfrist entschieden werden kann.

(2) Nachholung des Aufbauseminars

Ist eine Fahrerlaubnis entzogen worden – u.a. wegen Erfolglosigkeit der Verwarnung oder Nichtbefolgung von Anordnungen – so darf eine neue Fahrerlaubnis nur erteilt werden, wenn der Antragsteller nachweist, dass er an einem Aufbauseminar teilgenommen hat; das Gleiche gilt, wenn der Antragsteller nur deshalb nicht an einem angeordneten Aufbauseminar teilgenommen hat oder die Anordnung nur deshalb nicht erfolgt ist, weil die Fahrerlaubnis aus anderen Gründen entzogen worden ist oder er zwischenzeitlich auf die Fahrerlaubnis verzichtet hat (§ 2a Abs. 5 S. 1 und 2 StVG).

Einführung

ff) Maßnahmen nach Neuerteilung einer Fahrerlaubnis auf Probe

Auf eine mit der Erteilung einer Fahrerlaubnis nach vorangegangener Entziehung beginnende neue Probezeit sind die vorstehend dargestellten Maßnahmen nicht anzuwenden; stattdessen hat die zuständige Behörde in diesem Fall in der Regel die Beibringung eines **Gutachtens** einer amtlich anerkannten **Begutachtungsstelle für Fahreignung** anzuordnen, sobald der Inhaber einer Fahrerlaubnis innerhalb der neuen Probezeit **erneut eine schwerwiegende oder zwei weniger schwerwiegende Zuwiderhandlungen** begangen hat (§ 2a Abs. 5 S. 4 und 5 StVG).

B. Texte

I. BKatV

Verordnung über die Erteilung einer Verwarnung, Regelsätze für Geldbußen und die Anordnung eines Fahrverbotes wegen Ordnungswidrigkeiten im Straßenverkehr (Bußgeldkatalog-Verordnung – BKatV)

– in der ab 1. Mai 2014 geltenden Fassung –

§ 1 Bußgeldkatalog

(1) Bei Ordnungswidrigkeiten nach den §§ 24, 24a und 24c des Straßenverkehrsgesetzes, die in der Anlage zu dieser Verordnung (Bußgeldkatalog – BKat) aufgeführt sind, ist eine Geldbuße nach den dort bestimmten Beträgen festzusetzen. Bei Ordnungswidrigkeiten nach § 24 des Straßenverkehrsgesetzes, bei denen im Bußgeldkatalog ein Regelsatz von bis zu 55 Euro bestimmt ist, ist ein entsprechendes Verwarnungsgeld zu erheben.

(2) Die im Bußgeldkatalog bestimmten Beträge sind Regelsätze. Sie gehen von gewöhnlichen Tatumständen sowie in Abschnitt I des Bußgeldkatalogs von fahrlässiger Begehung und in Abschnitt II des Bußgeldkatalogs von vorsätzlicher Begehung aus.

§ 2 Verwarnung

(1) Die Verwarnung muss mit einem Hinweis auf die Verkehrszuwiderhandlung verbunden sein.

(2) Bei unbedeutenden Ordnungswidrigkeiten nach § 24 des Straßenverkehrsgesetzes kommt eine Verwarnung ohne Verwarnungsgeld in Betracht.

(3) Das Verwarnungsgeld wird in Höhe von 5, 10, 15, 20, 25, 30, 35, 40, 45, 50 und 55 Euro erhoben.

(4) Bei Fußgängern soll das Verwarnungsgeld in der Regel 5 Euro, bei Radfahrern in der Regel 15 Euro betragen, sofern der Bußgeldkatalog nichts anderes bestimmt.

(5) Ist im Bußgeldkatalog ein Regelsatz für das Verwarnungsgeld von mehr als 20 Euro vorgesehen, so kann er bei offenkundig außergewöhnlich schlechten wirtschaftlichen Verhältnissen des Betroffenen bis auf 20 Euro ermäßigt werden.

(6) Hat der Betroffene durch dieselbe Handlung mehrere geringfügige Ordnungswidrigkeiten begangen, für die jeweils eine Verwarnung mit Verwarnungsgeld in Betracht kommt, so wird nur ein Verwarnungsgeld, und zwar das höchste der in Betracht kommenden Verwarnungsgelder, erhoben.

(7) Hat der Betroffene durch mehrere Handlungen geringfügige Ordnungswidrigkeiten begangen oder gegen dieselbe Vorschrift mehrfach verstoßen, so sind die einzelnen Verstöße getrennt zu verwarnen.

(8) In den Fällen der Absätze 6 und 7 ist jedoch zu prüfen, ob die Handlung oder die Handlungen insgesamt noch geringfügig sind.

§ 3 Bußgeldregelsätze

(1) Etwaige Eintragungen des Betroffenen im Fahreignungsregister sind im Bußgeldkatalog nicht berücksichtigt, soweit nicht in den Nummern 152.1, 241.1, 241.2, 242.1 und 242.2 des Bußgeldkatalogs etwas anderes bestimmt ist.

(2) Wird ein Tatbestand der Nummer 119, der Nummer 198.1 in Verbindung mit Tabelle 3 des Anhangs oder der Nummern 212, 214.1, 214.2 oder 223 des Bußgeldkatalogs, für den ein Regelsatz von mehr als 55 Euro vorgesehen ist, vom Halter eines Kraftfahrzeugs verwirklicht, so ist derjenige Regelsatz anzuwenden, der in diesen Fällen für das Anordnen oder Zulassen der Inbetriebnahme eines Kraftfahrzeugs durch den Halter vorgesehen ist.

(3) Die Regelsätze, die einen Betrag von mehr als 55 Euro vorsehen, erhöhen sich bei Vorliegen einer Gefährdung oder Sachbeschädigung nach Tabelle 4 des Anhangs, soweit diese Merkmale oder eines dieser Merkmale nicht bereits im Tatbestand des Bußgeldkatalogs enthalten sind.

(4) Wird von dem Führer eines kennzeichnungspflichtigen Kraftfahrzeugs mit gefährlichen Gütern oder eines Kraftomnibusses mit Fahrgästen ein Tatbestand
1. der Nummern 8.1, 8.2, 15, 19, 19.1, 19.1.1, 19.1.2, 21, 21.1, 21.2, 212, 214.1, 214.2, 223,
2. der Nummern 12.5, 12.6 oder 12.7, jeweils in Verbindung mit Tabelle 2 des Anhangs, oder
3. der Nummern 198.1 oder 198.2, jeweils in Verbindung mit Tabelle 3 des Anhangs,

des Bußgeldkatalogs verwirklicht, so erhöht sich der dort genannte Regelsatz, sofern dieser einen Betrag von mehr als 55 Euro vorsieht, auch in den Fällen des Absatzes 3, jeweils um die Hälfte. Der nach Satz 1 erhöhte Regelsatz ist auch anzuwenden, wenn der Halter die Inbetriebnahme eines kennzeichnungspflichtigen Kraftfahrzeugs mit gefährlichen Gütern oder eines Kraftomnibusses mit Fahrgästen in den Fällen
1. der Nummern 189.1.1, 189.1.2, 189.2.1, 189.2.2, 189.3.1, 189.3.2, 213 oder
2. der Nummern 199.1, 199.2, jeweils in Verbindung mit der Tabelle 3 des Anhangs, oder 224

des Bußgeldkatalogs anordnet oder zulässt.

(4a) Wird ein Tatbestand des Abschnitts I des Bußgeldkatalogs vorsätzlich verwirklicht, für den ein Regelsatz von mehr als 55 Euro vorgesehen ist, so ist der dort genannte Regelsatz zu verdoppeln, auch in den Fällen, in denen eine Erhöhung nach den Absätzen 2, 3 oder 4 vorgenommen worden ist. Der ermittelte Betrag wird auf den nächsten vollen Euro-Betrag abgerundet.

(5) Werden durch eine Handlung mehrere Tatbestände des Bußgeldkatalogs verwirklicht, die jeweils einen Bußgeldregelsatz von mehr als 35 Euro vorsehen, so ist nur ein Regelsatz anzuwenden; bei unterschiedlichen Regelsätzen ist der höchste anzuwenden. Der Regelsatz kann angemessen erhöht werden.

(6) Bei Ordnungswidrigkeiten nach § 24 des Straßenverkehrsgesetzes, die von nicht motorisierten Verkehrsteilnehmern begangen werden, ist, sofern der Bußgeldregelsatz mehr als 55 Euro beträgt und der Bußgeldkatalog nicht besondere Tatbestände für diese Verkehrsteilnehmer enthält, der Regelsatz um die Hälfte zu ermäßigen. Beträgt der nach Satz 1 ermäßigte Regelsatz weniger als 60 Euro, so soll eine Geldbuße nur festgesetzt werden, wenn eine Verwarnung mit Verwarnungsgeld nicht erteilt werden kann.

§ 4 Regelfahrverbot

(1) Bei Ordnungswidrigkeiten nach § 24 des Straßenverkehrsgesetzes kommt die Anordnung eines Fahrverbots (§ 25 Absatz 1 Satz 1 des Straßenverkehrsgesetzes) wegen grober Verletzung der Pflichten eines Kraftfahrzeugführers in der Regel in Betracht, wenn ein Tatbestand

1. der Nummern 9.1 bis 9.3, der Nummern 11.1 bis 11.3, jeweils in Verbindung mit Tabelle 1 des Anhangs,
2. der Nummern 12.6.3, 12.6.4, 12.6.5, 12.7.3, 12.7.4 oder 12.7.5 der Tabelle 2 des Anhangs,
3. der Nummern 19.1.1, 19.1.2, 21.1, 21.2, 83.3, 89b.2, 132.1, 132.2, 132.3, 132.3.1, 132.3.2, 152.1 oder
4. der Nummern 244 oder 248

des Bußgeldkatalogs verwirklicht wird. Wird in diesen Fällen ein Fahrverbot angeordnet, so ist in der Regel die dort bestimmte Dauer festzusetzen.

(2) Wird ein Fahrverbot wegen beharrlicher Verletzung der Pflichten eines Kraftfahrzeugführers zum ersten Mal angeordnet, so ist seine Dauer in der Regel auf einen Monat festzusetzen. Ein Fahrverbot kommt in der Regel in Betracht, wenn gegen den Führer eines Kraftfahrzeugs wegen einer Geschwindigkeitsüberschreitung von mindestens 26 km/h bereits eine Geldbuße rechtskräftig festgesetzt worden ist und er innerhalb eines Jahres seit Rechtskraft der Entscheidung eine weitere Geschwindigkeitsüberschreitung von mindestens 26 km/h begeht.

(3) Bei Ordnungswidrigkeiten nach § 24a des Straßenverkehrsgesetzes ist ein Fahrverbot (§ 25 Absatz 1 Satz 2 des Straßenverkehrsgesetzes) in der Regel mit der in den Nummern 241, 241.1, 241.2, 242, 242.1 und 242.2 des Bußgeldkatalogs vorgesehenen Dauer anzuordnen.

(4) Wird von der Anordnung eines Fahrverbots ausnahmsweise abgesehen, so soll das für den betreffenden Tatbestand als Regelsatz vorgesehene Bußgeld angemessen erhöht werden.

II. Bußgeldkatalog (BKat)

Anlage (zu § 1 Absatz 1 BKatV)
– Siehe dazu die Erläuterungen in der Einführung auf Seite 14 unter 2. –

Abschnitt I
Fahrlässig begangene Ordnungswidrigkeiten

Lfd. Nr.	Tatbestand	Straßenverkehrs-Ordnung (StVO)	Regelsatz in Euro (€), Fahrverbot in Monaten	Punkte	Probe-FE schwer-wiegend = s
	A. Zuwiderhandlungen gegen § 24 StVG **a) Straßenverkehrs-Ordnung**				
	Grundregeln				
1	Durch Außer-Acht-Lassen der im Verkehr erforderlichen Sorgfalt	§ 1 Absatz 2 § 49 Absatz 1 Nummer 1			
1.1	einen Anderen mehr als nach den Umständen unvermeidbar belästigt		10 €		
1.2	einen Anderen mehr als nach den Umständen unvermeidbar behindert		20 €		
1.3	einen Anderen gefährdet		30 €		
1.4	einen Anderen geschädigt, soweit im Folgenden nichts anderes bestimmt ist		35 €		
1.5	Beim Fahren in eine oder aus einer Parklücke stehendes Fahrzeug beschädigt	§ 1 Absatz 2 § 49 Absatz 1 Nummer 1	30 €		
	Straßenbenutzung durch Fahrzeuge				
2	Vorschriftswidrig Gehweg, Seitenstreifen (außer auf Autobahnen oder Kraftfahrstraßen), Verkehrsinsel oder Grünanlage benutzt	§ 2 Absatz 1 § 49 Absatz 1 Nummer 2	10 €		
2.1	– mit Behinderung	§ 2 Absatz 1 § 1 Absatz 2 § 49 Absatz 1 Nummer 1, 2	15 €		
2.2	– mit Gefährdung		20 €		

Lfd. Nr.	Tatbestand	Straßenverkehrs-Ordnung (StVO)	Regelsatz in Euro (€), Fahrverbot in Monaten	Punkte	Probe-FE schwer-wiegend = s
3	Gegen das Rechtsfahrgebot verstoßen durch Nichtbenutzen				
3.1	der rechten Fahrbahnseite	§ 2 Absatz 2 § 49 Absatz 1 Nummer 2	15 €		
3.1.1	– mit Behinderung	§ 2 Absatz 2 § 1 Absatz 2 § 49 Absatz 1 Nummer 1, 2	25 €		
3.2	des rechten Fahrstreifens (außer auf Autobahnen oder Kraftfahrstraßen) und dadurch einen anderen behindert	§ 2 Absatz 2 § 1 Absatz 2 § 49 Absatz 1 Nummer 1, 2	20 €		
3.3	der rechten Fahrbahn bei zwei getrennten Fahrbahnen	§ 2 Absatz 1 § 49 Absatz 1 Nummer 2	25 €		
3.3.1	– mit Gefährdung	§ 2 Absatz 1 § 1 Absatz 2 § 49 Absatz 1 Nummer 1, 2	35 €		
3.3.2	– mit Sachbeschädigung	§ 2 Absatz 1 § 1 Absatz 2 § 49 Absatz 1 Nummer 1, 2	40 €		
3.4	eines markierten Schutzstreifens als Radfahrer	§ 2 Absatz 2 § 49 Absatz 1 Nummer 2	15 €		
3.4.1	– mit Behinderung	§ 2 Absatz 2 § 1 Absatz 2 § 49 Absatz 1 Nummer 1, 2	20 €		
3.4.2	– mit Gefährdung		25 €		
3.4.3	– mit Sachbeschädigung		30 €		

Lfd. Nr.	Tatbestand	Straßenverkehrs-Ordnung (StVO)	Regelsatz in Euro (€), Fahrverbot in Monaten	Punkte	Probe-FE schwerwiegend = s
4	Gegen das Rechtsfahrgebot verstoßen	§ 2 Absatz 2 § 1 Absatz 2 § 49 Absatz 1 Nummer 1, 2			
4.1	bei Gegenverkehr, beim Überholtwerden, an Kuppen, in Kurven oder bei Unübersichtlichkeit und dadurch einen anderen gefährdet		80 €	1	s
4.2	auf Autobahnen oder Kraftfahrstraßen und dadurch einen anderen behindert		80 €	1	s
5	Schienenbahn nicht durchfahren lassen	§ 2 Absatz 3 § 49 Absatz 1 Nummer 2	5 €		
5a	Fahren bei Glatteis, Schneeglätte, Schneematsch, Eis- oder Reifglätte ohne Reifen, welche die in Anhang II Nummer 2.2 der Richtlinie 92/23/EWG des Rates vom 31. März 1992 über Reifen von Kraftfahrzeugen und Kraftfahrzeuganhängern und über ihre Montage (ABl. L 129 vom 14.5.1992, S. 95), die zuletzt durch die Richtlinie 2005/11/EG (ABl. L 46 vom 17.2.2005, S. 42) geändert worden ist, beschriebenen Eigenschaften erfüllen (M+S-Reifen)	§ 2 Absatz 3a Satz 1 § 49 Absatz 1 Nummer 2	60 €	1	
5a.1	– mit Behinderung	§ 2 Absatz 3a Satz 1 § 1 Absatz 2 § 49 Absatz 1 Nummer 1, 2	80 €	1	
6	Beim Führen eines kennzeichnungspflichtigen Kraftfahrzeugs mit gefährlichen Gütern bei Sichtweite unter 50 m, bei Schneeglätte oder Glatteis sich nicht so verhalten, dass die Gefährdung eines anderen ausgeschlossen war, insbesondere, obwohl nötig, nicht den nächsten geeigneten Platz zum Parken aufgesucht	§ 2 Absatz 3a Satz 4 § 49 Absatz 1 Nummer 2	140 €	1	

BKat

Lfd. Nr.	Tatbestand	Straßenverkehrs-Ordnung (StVO)	Regelsatz in Euro (€), Fahrverbot in Monaten	Punkte	Probe-FE schwer-wiegend = s
7	Beim Radfahren oder Mofafahren				
7.1	Radweg (Zeichen 237, 240, 241) nicht benutzt oder in nicht zulässiger Richtung befahren	§ 2 Absatz 4 Satz 4 § 49 Absatz 1 Nummer 2 § 41 Absatz 1 i.V.m. Anlage 2 lfd. Nr. 16, 19, 20 (Zeichen 237, 240, 241) Spalte 3 Nummer 1 § 49 Absatz 3 Nummer 4	20 €		
7.1.1	– mit Behinderung	§ 2 Absatz 4 Satz 2, 4 § 1 Absatz 2 § 49 Absatz 1 Nummer 1, 2 § 41 Absatz 1 i.V.m. Anlage 2 lfd. Nr. 16, 19, 20 (Zeichen 237, 240, 241) Spalte 3 Nummer 1 § 1 Absatz 2 § 49 Absatz 1 Nummer 1, Absatz 3 Nummer 4	25 €		
7.1.2	– mit Gefährdung		30 €		
7.1.3	– mit Sachbeschädigung		35 €		
7.2	Fahrbahn, Radweg oder Seitenstreifen nicht vorschriftsmäßig benutzt	§ 2 Absatz 4 Satz 1, 4, 5 § 49 Absatz 1 Nummer 2	15 €		
7.2.1	– mit Behinderung	§ 2 Absatz 4 Satz 1, 4, 5 § 1 Absatz 2 § 49 Absatz 1 Nummer 1, 2	20 €		
7.2.2	– mit Gefährdung		25 €		
7.2.3	– mit Sachbeschädigung		30 €		

Lfd. Nr.	Tatbestand	Straßenverkehrs-Ordnung (StVO)	Regelsatz in Euro (€), Fahrverbot in Monaten	Punkte	Probe-FE schwer-wiegend = s
Geschwindigkeit					
8	Mit nicht angepasster Geschwindigkeit gefahren				
8.1	trotz angekündigter Gefahrenstelle, bei Unübersichtlichkeit, an Straßenkreuzungen, Straßeneinmündungen, Bahnübergängen oder bei schlechten Sicht- oder Wetterverhältnissen (z.B. Nebel, Glatteis)	§ 3 Absatz 1 Satz 1, 2, 4, 5 § 19 Absatz 1 Satz 2 § 49 Absatz 1 Nummer 3, 19 Buchstabe a	100 €	1	s
8.2	in anderen als in Nummer 8.1 genannten Fällen mit Sachbeschädigung	§ 3 Absatz 1 Satz 1, 2, 4, 5 § 1 Absatz 2 § 49 Absatz 1 Nummer 1, 3	35 €		
9	Festgesetzte Höchstgeschwindigkeit bei Sichtweite unter 50 m durch Nebel, Schneefall oder Regen überschritten	§ 3 Absatz 1 Satz 3 § 49 Absatz 1 Nummer 3	80 €	1	s
9.1	um mehr als 20 km/h mit einem Kraftfahrzeug der in § 3 Absatz 3 Nummer 2 Buchstabe a oder b StVO genannten Art		Tabelle 1 Buchstabe a		
9.2	um mehr als 15 km/h mit kennzeichnungspflichtigen Kraftfahrzeugen der in Nummer 9.1 genannten Art mit gefährlichen Gütern oder Kraftomnibussen mit Fahrgästen		Tabelle 1 Buchstabe b		
9.3	um mehr als 25 km/h innerorts oder 30 km/h außerorts mit anderen als den in Nummer 9.1 oder 9.2 genannten Kraftfahrzeugen		Tabelle 1 Buchstabe c		
10	Beim Führen eines Fahrzeugs ein Kind, einen Hilfsbedürftigen oder älteren Menschen gefährdet, insbesondere durch nicht ausreichend verminderte Geschwindigkeit, mangelnde Bremsbereitschaft oder unzureichenden Seitenabstand beim Vorbeifahren oder Überholen	§ 3 Absatz 2a § 49 Absatz 1 Nummer 3	80 €	1	s

BKat

Lfd. Nr.	Tatbestand	Straßenverkehrs-Ordnung (StVO)	Regelsatz in Euro (€), Fahrverbot in Monaten	Punkte	Probe-FE schwer-wiegend = s
11	Zulässige Höchstgeschwindigkeit überschritten mit	§ 3 Absatz 3 Satz 1, Absatz 4 § 49 Absatz 1 Nummer 3 § 18 Absatz 5 Satz 2 § 49 Absatz 1 Nummer 18 § 20 Absatz 2 Satz 1, Absatz 4 Satz 1, 2 § 49 Absatz 1 Nummer 19 Buchstabe b § 41 Absatz 1 i.V.m. Anlage 2 lfd. Nr. 16, 17 (Zeichen 237, 238) Spalte 3 Nummer 3, lfd. Nr. 18 (Zeichen 239) Spalte 3 Nummer 2, lfd. Nr. 19 (Zeichen 240) Spalte 3 Nummer 3, lfd. Nr. 20 (Zeichen 241) Spalte 3 Nummer 4, lfd. Nr. 21 (Zeichen 239 oder 242.1 mit Zusatzzeichen, das den Fahrzeugverkehr zulässt) Spalte 3 Nummer 2 oder lfd. Nr. 23 (Zeichen 244.1 mit Zusatzzeichen, das den Fahrzeugverkehr zulässt) Spalte 3 Nummer 2, lfd. Nr. 49 (Zeichen 274), lfd. Nr. 50 (Zeichen 274.1, 274.2) § 49 Absatz 3 Nummer 4 § 42 Absatz 2 i.V.m. Anlage 3 lfd. Nr. 12 (Zeichen 325.1, 325.2) Spalte 3 Nummer 1 § 49 Absatz 3 Nummer 5			

BKat

Lfd. Nr.	Tatbestand	Straßenverkehrs-Ordnung (StVO)	Regelsatz in Euro (€), Fahrverbot in Monaten	Punkte	Probe-FE schwer-wiegend = s
11.1	Kraftfahrzeugen der in § 3 Absatz 3 Nummer 2 Buchstabe a oder b StVO genannten Art		Tabelle 1 Buchstabe a		
11.2	kennzeichnungspflichtigen Kraftfahrzeugen der in Nummer 11.1 genannten Art mit gefährlichen Gütern oder Kraftomnibussen mit Fahrgästen		Tabelle 1 Buchstabe b		
11.3	anderen als den in Nummer 11.1 oder 11.2 genannten Kraftfahrzeugen		Tabelle 1 Buchstabe c		
Abstand					
12	Erforderlichen Abstand von einem vorausfahrenden Fahrzeug nicht eingehalten	§ 4 Absatz 1 Satz 1 § 49 Absatz 1 Nummer 4			
12.1	bei einer Geschwindigkeit bis 80 km/h		25 €		
12.2	– mit Gefährdung	§ 4 Absatz 1 Satz 1 § 1 Absatz 2 § 49 Absatz 1 Nummer 1, 4	30 €		
12.3	– mit Sachbeschädigung		35 €		
12.4	bei einer Geschwindigkeit von mehr als 80 km/h, sofern der Abstand in Metern nicht weniger als ein Viertel des Tachowertes betrug	§ 4 Absatz 1 Satz 1 § 49 Absatz 1 Nummer 4	35 €		
12.5	bei einer Geschwindigkeit von mehr als 80 km/h, sofern der Abstand in Metern weniger als ein Viertel des Tachowertes betrug		Tabelle 2 Buchstabe a		
12.6	bei einer Geschwindigkeit von mehr als 100 km/h, sofern der Abstand in Metern weniger als ein Viertel des Tachowertes betrug		Tabelle 2 Buchstabe b		
12.7	bei einer Geschwindigkeit von mehr als 130 km/h, sofern der Abstand in Metern weniger als ein Viertel des Tachowertes betrug		Tabelle 2 Buchstabe c		

BKat

Lfd. Nr.	Tatbestand	Straßenverkehrs-Ordnung (StVO)	Regelsatz in Euro (€), Fahrverbot in Monaten	Punkte	Probe-FE schwer-wiegend = s
13	Vorausgefahren und ohne zwingenden Grund stark gebremst				
13.1	– mit Gefährdung	§ 4 Absatz 1 Satz 2 § 1 Absatz 2 § 49 Absatz 1 Nummer 1, 4	20 €		
13.2	– mit Sachbeschädigung		30 €		
14	Den zum Einscheren erforderlichen Abstand von dem vorausfahrenden Fahrzeug außerhalb geschlossener Ortschaften nicht eingehalten	§ 4 Absatz 2 Satz 1 § 49 Absatz 1 Nummer 4	25 €		
15	Mit Lastkraftwagen (zulässige Gesamtmasse über 3,5 t) oder Kraftomnibus bei einer Geschwindigkeit von mehr als 50 km/h auf einer Autobahn Mindestabstand von 50 m von einem vorausfahrenden Fahrzeug nicht eingehalten	§ 4 Absatz 3 § 49 Absatz 1 Nummer 4	80 €	1	

Überholen

Lfd. Nr.	Tatbestand	Straßenverkehrs-Ordnung (StVO)	Regelsatz in Euro (€), Fahrverbot in Monaten	Punkte	Probe-FE schwer-wiegend = s
16	Innerhalb geschlossener Ortschaften rechts überholt	§ 5 Absatz 1 § 49 Absatz 1 Nummer 5	30 €		
16.1	– mit Sachbeschädigung	§ 5 Absatz 1 § 1 Absatz 2 § 49 Absatz 1 Nummer 1, 5	35 €		
17	Außerhalb geschlossener Ortschaften rechts überholt	§ 5 Absatz 1 § 49 Absatz 1 Nummer 5	100 €	1	s
18	Mit nicht wesentlich höherer Geschwindigkeit als der zu Überholende überholt	§ 5 Absatz 2 Satz 2 § 49 Absatz 1 Nummer 5	80 €	1	s
19	Überholt, obwohl nicht übersehen werden konnte, dass während des ganzen Überholvorgangs jede Behinderung des Gegenverkehrs ausgeschlossen war, oder bei unklarer Verkehrslage	§ 5 Absatz 2 Satz 1, Absatz 3 Nummer 1 § 49 Absatz 1 Nummer 5	100 €	1	s
19.1	und dabei ein Überholverbot (§ 19 Absatz 1 Satz 3 StVO, Zeichen 276, 277) nicht beachtet oder Fahrstreifenbegrenzung (Zeichen 295, 296)	§ 5 Absatz 2 Satz 1, Absatz 3 Nummer 1 § 19 Abs. 1 Satz 3	150 €	1	s

Lfd. Nr.	Tatbestand	Straßenverkehrs-Ordnung (StVO)	Regelsatz in Euro (€), Fahrverbot in Monaten	Punkte	Probe-FE schwerwiegend = s
	überquert oder überfahren oder der durch Pfeile vorgeschriebenen Fahrtrichtung (Zeichen 297) nicht gefolgt	§ 49 Absatz 1 Nummer 5, 19a § 41 Absatz 1 i.V.m. Anlage 2 zu lfd. Nr. 53 und 54 und lfd. Nr. 53 und 54 (Zeichen 276, 277) Spalte 3, lfd. Nr. 68 (Zeichen 295) Spalte 3 Nummer 1a, lfd. Nr. 69, 70 (Zeichen 296, 297) Spalte 3 Nummer 1 § 49 Absatz 3 Nummer 4			
19.1.1	– mit Gefährdung	§ 5 Absatz 2 Satz 1, Absatz 3 Nummer 1 § 19 Absatz 1 Satz 3 § 49 Absatz 1 Nummer, 5, 19a § 41 Absatz 1 i.V.m. Anlage 2 zu lfd. Nr. 53 und 54 und lfd. Nr. 53 und 54 (Zeichen 276, 277) Spalte 3, lfd. Nr. 68 (Zeichen 295) Spalte 3 Nummer 1a, lfd. Nr. 69, 70 (Zeichen 296, 297) Spalte 3 Nummer 1 § 49 Absatz 3 Nummer 4 § 1 Absatz 2 § 49 Absatz 1 Nummer 1	250 € Fahrverbot 1 Monat	2	s
19.1.2	– mit Sachbeschädigung		300 € Fahrverbot 1 Monat	2	s
(20)	(aufgehoben)				

BKat

Lfd. Nr.	Tatbestand	Straßenverkehrs-Ordnung (StVO)	Regelsatz in Euro (€), Fahrverbot in Monaten	Punkte	Probe-FE schwer-wiegend = s
21	Mit einem Kraftfahrzeug mit einer zulässigen Gesamtmasse über 7,5 t überholt, obwohl die Sichtweite durch Nebel, Schneefall oder Regen weniger als 50 m betrug	§ 5 Absatz 3a § 49 Absatz 1 Nummer 5	120 €	1	s
21.1	– mit Gefährdung	§ 5 Absatz 3a § 1 Absatz 2 § 49 Absatz 1 Nummer 1, 5	200 € Fahrverbot 1 Monat	2	s
21.2	– mit Sachbeschädigung		240 € Fahrverbot 1 Monat	2	s
22	Zum Überholen ausgeschert und dadurch nachfolgenden Verkehr gefährdet	§ 5 Absatz 4 Satz 1 § 49 Absatz 1 Nummer 5	80 €	1	s
23	Beim Überholen ausreichenden Seitenabstand zu anderen Verkehrsteilnehmern nicht eingehalten	§ 5 Absatz 4 Satz 2 § 49 Absatz 1 Nummer 5	30 €		
23.1	– mit Sachbeschädigung	§ 5 Absatz 4 Satz 2 § 1 Absatz 2 § 49 Absatz 1 Nummer 1, 5	35 €		
24	Nach dem Überholen nicht sobald wie möglich wieder nach rechts eingeordnet	§ 5 Absatz 4 Satz 3 § 49 Absatz 1 Nummer 5	10 €		
25	Nach dem Überholen beim Einordnen, denjenigen, der überholt wurde, behindert	§ 5 Absatz 4 Satz 4 § 49 Absatz 1 Nummer 5	20 €		
26	Beim Überholtwerden Geschwindigkeit erhöht	§ 5 Absatz 6 Satz 1 § 49 Absatz 1 Nummer 5	30 €		
27	Ein langsameres Fahrzeug geführt und die Geschwindigkeit nicht ermäßigt oder nicht gewartet, um mehreren unmittelbar folgenden Fahrzeugen das Überholen zu ermöglichen	§ 5 Absatz 6 Satz 2 § 49 Absatz 1 Nummer 5	10 €		
28	Vorschriftswidrig links überholt, obwohl der Fahrer des vorausfahrenden Fahrzeugs die Absicht, nach links abzubiegen, angekündigt und sich eingeordnet hatte	§ 5 Absatz 7 Satz 1 § 49 Absatz 1 Nummer 5	25 €		

BKat

Lfd. Nr.	Tatbestand	Straßenverkehrs-Ordnung (StVO)	Regelsatz in Euro (€), Fahrverbot in Monaten	Punkte	Probe-FE schwerwiegend = s
28.1	– mit Sachbeschädigung	§ 5 Absatz 7 Satz 1 § 1 Absatz 2 § 49 Absatz 1 Nummer 1, 5	30 €		
	Fahrtrichtungsanzeiger				
29	Fahrtrichtungsanzeiger nicht wie vorgeschrieben benutzt	§ 5 Absatz 4a § 49 Absatz 1 Nummer 5 § 6 Satz 3 § 49 Absatz 1 Nummer 6 § 7 Absatz 5 Satz 2 § 49 Absatz 1 Nummer 7 § 9 Absatz 1 Satz 1 § 49 Absatz 1 Nummer 9 § 10 Satz 2 § 49 Absatz 1 Nummer 10 § 42 Absatz 2 i.V.m. Anlage 3 lfd. Nr. 2.1 (Zusatzzeichen zu Zeichen 306) Spalte 3 Nummer 1 § 49 Absatz 3 Nummer 5	10 €		
	Vorbeifahren				
30	An einer Fahrbahnverengung, einem Hindernis auf der Fahrbahn oder einem haltenden Fahrzeug auf der Fahrbahn links vorbeigefahren, ohne ein entgegenkommendes Fahrzeug durchfahren zu lassen	§ 6 Satz 1 § 49 Absatz 1 Nummer 6	20 €		
30.1	– mit Gefährdung	§ 6 Absatz 1 § 1 Absatz 2 § 49 Absatz 1 Nummer 1, 6	30 €		
30.2	– mit Sachbeschädigung		35 €		

BKat

Lfd. Nr.	Tatbestand	Straßenverkehrs-Ordnung (StVO)	Regelsatz in Euro (€), Fahrverbot in Monaten	Punkte	Probe-FE schwer-wiegend = s
	Benutzung von Fahrstreifen durch Kraftfahrzeuge				
31	Fahrstreifen gewechselt und dadurch einen anderen Verkehrsteilnehmer gefährdet	§ 7 Absatz 5 Satz 1 § 49 Absatz 1 Nummer 7	30 €		
31.1	– mit Sachbeschädigung	§ 7 Absatz 5 Satz 1 § 1 Absatz 2 § 49 Absatz 1 Nummer 1, 7	35 €		
31a	Auf einer Fahrbahn für beide Richtungen den mittleren oder linken von mehreren durch Leitlinien (Zeichen 340) markierten Fahrstreifen zum Überholen benutzt	§ 7 Absatz 3a Satz 1, 2, Absatz 3b § 49 Absatz 1 Nummer 7	30 €		
31a.1	– mit Gefährdung	§ 7 Absatz 3a Satz 1, 2, Absatz 3b § 1 Absatz 2 § 49 Absatz 1 Nummer 1, 7	40 €		
31b	Außerhalb geschlossener Ortschaften linken Fahrstreifen mit einem Lastkraftwagen mit einer zulässigen Gesamtmasse von mehr als 3,5 t oder einem Kraftfahrzeug mit Anhänger zu einem anderen Zweck als dem des Linksabbiegens benutzt	§ 7 Absatz 3c Satz 3 § 49 Absatz 1 Nummer 7	15 €		
31b.1	– mit Behinderung	§ 7 Absatz 3c Satz 3 § 1 Absatz 2 § 49 Absatz 1 Nummer 1, 7	20 €		
	Vorfahrt				
32	Nicht mit mäßiger Geschwindigkeit an eine bevorrechtigte Straße herangefahren	§ 8 Absatz 2 Satz 1 § 49 Absatz 1 Nummer 8	10 €		
33	Vorfahrt nicht beachtet und dadurch eine vorfahrtberechtigte Person wesentlich behindert	§ 8 Absatz 2 Satz 2 § 49 Absatz 1 Nummer 8	25 €		
34	Vorfahrt nicht beachtet und dadurch eine vorfahrtberechtigte Person gefährdet	§ 8 Absatz 2 Satz 2 § 49 Absatz 1 Nummer 8	**100 €**	1	s

Lfd. Nr.	Tatbestand	Straßenverkehrs-Ordnung (StVO)	Regelsatz in Euro (€), Fahrverbot in Monaten	Punkte	Probe-FE schwer-wiegend = s
Abbiegen, Wenden, Rückwärtsfahren					
35	Abgebogen, ohne sich ordnungsgemäß oder rechtzeitig eingeordnet oder ohne vor dem Einordnen oder Abbiegen auf den nachfolgenden Verkehr geachtet zu haben	§ 9 Absatz 1 Satz 2, 4 § 49 Absatz 1 Nummer 9	10 €		
35.1	– mit Gefährdung	§ 9 Absatz 1 Satz 2, 4 § 1 Absatz 2 § 49 Absatz 1 Nummer 1, 9	30 €		
35.2	– mit Sachbeschädigung		35 €		
36	Beim Linksabbiegen auf längs verlegten Schienen eingeordnet und dadurch ein Schienenfahrzeug behindert	§ 9 Absatz 1 Satz 3 § 49 Absatz 1 Nummer 9	5 €		
(37 bis 37.3)	(aufgehoben)				
38	Beim Linksabbiegen mit dem Fahrrad nach einer Kreuzung oder Einmündung die Fahrbahn überquert und dabei den Fahrzeugverkehr nicht beachtet oder einer Radverkehrsführung im Kreuzungs- oder Einmündungsbereich nicht gefolgt	§ 9 Absatz 2 Satz 2, 3 § 49 Absatz 1 Nummer 9	15 €		
38.1	– mit Behinderung	§ 9 Absatz 2 Satz 2, 3 § 1 Absatz 2 § 49 Absatz 1 Nummer 1, 9	20 €		
38.2	– mit Gefährdung		25 €		
38.3	– mit Sachbeschädigung		30 €		
39	Abgebogen, ohne Fahrzeug durchfahren zu lassen	§ 9 Absatz 3 Satz 1, 2, Absatz 4 Satz 1 § 49 Absatz 1 Nummer 9	20 €		
39.1	– mit Gefährdung	§ 9 Absatz 3 Satz 1, 2, Absatz 4 Satz 1 § 1 Absatz 2 § 49 Absatz 1 Nummer 1, 9	**70 €**	1	s
(40)	(aufgehoben)				

BKat

Lfd. Nr.	Tatbestand	Straßenverkehrs-Ordnung (StVO)	Regelsatz in Euro (€), Fahrverbot in Monaten	Punkte	Probe-FE schwerwiegend = s
41	Beim Abbiegen auf zu Fuß Gehende keine besondere Rücksicht genommen und diese dadurch gefährdet	§ 9 Absatz 3 Satz 3 § 1 Absatz 2 § 49 Absatz 1 Nummer 1, 9	70 €	1	s
42	Beim Linksabbiegen nicht voreinander abgebogen	§ 9 Absatz 4 Satz 2 § 49 Absatz 1 Nummer 9	10 €		
42.1	– mit Gefährdung	§ 9 Absatz 4 Satz 2 § 1 Absatz 2 § 49 Absatz 1 Nummer 1, 9	70 €	1	s
(43)	(aufgehoben)				
44	Beim Abbiegen in ein Grundstück, beim Wenden oder Rückwärtsfahren einen anderen Verkehrsteilnehmer gefährdet	§ 9 Absatz 5 § 49 Absatz 1 Nummer 9	80 €	1	s
(45)	(aufgehoben)				
(46)	(aufgehoben)				
	Einfahren und Anfahren				
47	Aus einem Grundstück, einem Fußgängerbereich (Zeichen 242.1, 242.2), einem verkehrsberuhigten Bereich (Zeichen 325.1, 325.2) auf die Straße oder von einem anderen Straßenteil oder über einen abgesenkten Bordstein hinweg auf die Fahrbahn eingefahren oder vom Fahrbahnrand angefahren und dadurch einen anderen gefährdet	§ 10 Satz 1 § 49 Absatz 1 Nummer 10	30 €		
47.1	– mit Sachbeschädigung	§ 10 Satz 1 § 1 Absatz 2 § 49 Absatz 1 Nummer 1, 10	35 €		
(48)	(aufgehoben)				
	Besondere Verkehrslagen				
49	Trotz stockenden Verkehrs in eine Kreuzung oder Einmündung eingefahren und dadurch einen Anderen behindert	§ 11 Absatz 1 § 1 Absatz 2 § 49 Absatz 1 Nummer 1, 11	20 €		

Lfd. Nr.	Tatbestand	Straßenverkehrs-Ordnung (StVO)	Regelsatz in Euro (€), Fahrverbot in Monaten	Punkte	Probe-FE schwer-wiegend = s
50	Beim stockendem Verkehr auf einer Autobahn oder Außerortsstraße für die Durchfahrt von Polizei- oder Hilfsfahrzeugen keine vorschriftsmäßige Gasse gebildet	§ 11 Absatz 2 § 49 Absatz 1 Nummer 11	20 €		
	Halten und Parken				
51	Unzulässig gehalten	§ 12 Absatz 1 § 49 Absatz 1 Nummer 12 § 37 Absatz 1 Satz 2, Absatz 5 § 49 Absatz 3 Nummer 2 § 41 Absatz 1 i.V.m. Anlage 2 lfd. Nr. 1, 2, 3 (Zeichen 201, 205, 206) Spalte 3 Nummer 2, lfd. Nr. 8 (Zeichen 215) Spalte 3 Nummer 3, lfd. Nr. 15 (Zeichen 229) Spalte 3 Satz 1, lfd. Nr. 62 (Zeichen 283) Spalte 3, lfd. Nr. 63, 64 (Zeichen 286, 290.1) Spalte 3 Nummer 1, lfd. Nr. 66 (Zeichen 293) Spalte 3, lfd. Nr. 68 (Zeichen 295) Spalte 3 Nummer 2a, lfd. Nr. 70 (Zeichen 297) Spalte 3 Nummer 2, lfd. Nr. 73 (Zeichen 299) Spalte 3 Satz 1 § 49 Absatz 3 Nummer 4	10 €		

BKat

Lfd. Nr.	Tatbestand	Straßenverkehrs-Ordnung (StVO)	Regelsatz in Euro (€), Fahrverbot in Monaten	Punkte	Probe-FE schwerwiegend = s
51.1	– mit Behinderung	§ 12 Absatz 1 § 1 Absatz 2 § 49 Abs. 1 Nummer 1, 12 § 37 Absatz 1 Satz 2, Absatz 5 § 1 Absatz 2 § 49 Absatz 1 Nummer 1, Absatz 3 Nummer 2 § 41 Absatz 1 i.V.m. Anlage 2 lfd. Nr. 1, 2, 3 (Zeichen 201, 205, 206) Spalte 3 Nummer 2, lfd. Nr. 8 (Zeichen 215) Spalte 3 Nummer 3, lfd. Nr. 15 (Zeichen 229) Spalte 3 Satz 1, lfd. Nr. 62 (Zeichen 283) Spalte 3, lfd. Nr. 63, 64 (Zeichen 286, 290.1) Spalte 3 Nummer 1, lfd. Nr. 66 (Zeichen 293) Spalte 3, lfd. Nr. 68 (Zeichen 295) Spalte 3 Nummer 2a, lfd. Nr. 70 (Zeichen 297) Spalte 3 Nummer 2, lfd. Nr. 73 (Zeichen 299) Spalte 3 Satz 1 § 1 Absatz 2 § 49 Absatz 1 Nummer 1, Absatz 3 Nummer 4	15 €		
51a	Unzulässig in „zweiter Reihe" gehalten	§ 12 Absatz 4 Satz 1, 2 Halbsatz 2 § 49 Absatz 1 Nummer 12	15 €		

Lfd. Nr.	Tatbestand	Straßenverkehrs-Ordnung (StVO)	Regelsatz in Euro (€), Fahrverbot in Monaten	Punkte	Probe-FE schwerwiegend = s
51a.1	– mit Behinderung	§ 12 Absatz 4 Satz 1, 2 Halbsatz 2 § 1 Absatz 2 § 49 Absatz 1 Nummer 1, 12	20 €		
51b	An einer engen oder unübersichtlichen Straßenstelle oder im Bereich einer scharfen Kurve geparkt (§ 12 Absatz 2 StVO)	§ 12 Absatz 1 Nummer 1, 2 § 49 Absatz 1 Nummer 12	15 €		
51b.1	– mit Behinderung	§ 12 Absatz 1 Nummer 1, 2 § 1 Absatz 2 § 49 Absatz 1 Nummer 1, 12	25 €		
51b.2	länger als 1 Stunde	§ 12 Absatz 1 Nummer 1, 2 § 49 Absatz 1 Nummer 12	25 €		
51b.2.1	– mit Behinderung	§ 12 Absatz 1 Nummer 1, 2 § 1 Absatz 2 § 49 Absatz 1 Nummer 1, 12	35 €		
51b.3	wenn ein Rettungsfahrzeug im Einsatz behindert worden ist	§ 12 Absatz 1 Nummer 1, 2 § 1 Absatz 2 § 49 Absatz 1 Nummer 1, 12	**60 €**	1	
52	Unzulässig geparkt (§ 12 Absatz 2 StVO) in den Fällen, in denen das Halten verboten ist	§ 12 Absatz 1 Nummer 3, 4 § 49 Absatz 1 Nummer 12 § 37 Abs. 1 Satz 2, Absatz 5 § 49 Absatz 3 Nummer 2 § 41 Absatz 1 i.V.m. Anlage 2 lfd. Nr. 1, 2, 3 (Zeichen 201, 205, 206) Spalte 3 Nummer 2,	15 €		

BKat

Lfd. Nr.	Tatbestand	Straßenverkehrs-Ordnung (StVO)	Regelsatz in Euro (€), Fahrverbot in Monaten	Punkte	Probe-FE schwer-wiegend = s
		lfd. Nr. 8 (Zeichen 215) Spalte 3 Nummer 3, lfd. Nr. 15 (Zeichen 229) Spalte 3 Satz 1, lfd. Nr. 17 (Zeichen 238) Spalte 3 Nummer 2, lfd. Nr. 62 (Zeichen 283) Spalte 3, lfd. Nr. 63, 64 (Zeichen 286, 290.1) Spalte 3 Nummer 1, lfd. Nr. 66 (Zeichen 293) Spalte 3, lfd. Nr. 68 (Zeichen 295) Spalte 3 Nummer 2a, lfd. Nr. 70 (Zeichen 297) Spalte 3 Nummer 2, lfd. Nr. 73 (Zeichen 299) Spalte 3 Satz 1 § 49 Absatz 3 Nummer 4			
		lfd. Nr. 8 (Zeichen 215) Spalte 3 Nummer 3, lfd. Nr. 15 (Zeichen 229) Spalte 3 Satz 1, lfd. Nr. 17 (Zeichen 238) Spalte 3 Nummer 2, lfd. Nr. 62 (Zeichen 283) Spalte 3, lfd. Nr. 63, 64 (Zeichen 286, 290.1) Spalte 3 Nummer 1, lfd. Nr. 66 (Zeichen 293) Spalte 3, lfd. Nr. 68 (Zeichen 295) Spalte 3 Nummer 2a, lfd. Nr. 70 (Zeichen 297) Spalte 3 Nummer 2, lfd. Nr. 73 (Zeichen 299) Spalte 3 Satz 1 § 49 Absatz 3 Nummer 4			
		lfd. Nr. 8 (Zeichen 215) Spalte 3			

Lfd. Nr.	Tatbestand	Straßenverkehrs-Ordnung (StVO)	Regelsatz in Euro (€), Fahrverbot in Monaten	Punkte	Probe-FE schwer-wiegend = s
		Nummer 3, lfd. Nr. 15 (Zeichen 229) Spalte 3 Satz 1, lfd. Nr. 17 (Zeichen 238) Spalte 3 Nummer 2, lfd. Nr. 62 (Zeichen 283) Spalte 3, lfd. Nr. 63, 64 (Zeichen 286, 290.1) Spalte 3 Nummer 1, lfd. Nr. 66 (Zeichen 293) Spalte 3, lfd. Nr. 68 (Zeichen 295) Spalte 3 Nummer 2a, lfd. Nr. 70 (Zeichen 297) Spalte 3 Nummer 2, lfd. Nr. 73 (Zeichen 299) Spalte 3 Satz 1 § 49 Absatz 3 Nummer 4			
		lfd. Nr. 8 (Zeichen 215) Spalte 3 Nummer 3, lfd. Nr. 15 (Zeichen 229) Spalte 3 Satz 1, lfd. Nr. 17 (Zeichen 238) Spalte 3 Nummer 2, lfd. Nr. 62 (Zeichen 283) Spalte 3, lfd. Nr. 63, 64 (Zeichen 286, 290.1) Spalte 3 Nummer 1, lfd. Nr. 66 (Zeichen 293) Spalte 3, lfd. Nr. 68 (Zeichen 295) Spalte 3 Nummer 2a, lfd. Nr. 70 (Zeichen 297) Spalte 3 Nummer 2, lfd. Nr. 73 (Zeichen 299) Spalte 3 Satz 1 § 49 Absatz 3 Nummer 4			
		lfd. Nr. 8 (Zeichen 215) Spalte 3 Nummer 3, lfd. Nr. 15 (Zeichen 229) Spalte 3 Satz 1, lfd. Nr. 17 (Zeichen 238) Spalte 3 Nummer 2, lfd. Nr. 62 (Zeichen 283)			

BKat

Lfd. Nr.	Tatbestand	Straßenverkehrs-Ordnung (StVO)	Regelsatz in Euro (€), Fahrverbot in Monaten	Punkte	Probe-FE schwerwiegend = s
		Spalte 3, lfd. Nr. 63, 64 (Zeichen 286, 290.1) Spalte 3 Nummer 1, lfd. Nr. 66 (Zeichen 293) Spalte 3, lfd. Nr. 68 (Zeichen 295) Spalte 3 Nummer 2a, lfd. Nr. 70 (Zeichen 297) Spalte 3 Nummer 2, lfd. Nr. 73 (Zeichen 299) Spalte 3 Satz 1 § 49 Absatz 3 Nummer 4			
52.1	– mit Behinderung	§ 12 Absatz 1 Nummer 3, 4 § 1 Absatz 2 § 49 Absatz 1 Nummer 1, 12 § 41 Absatz 1 i.V.m. Anlage 2 lfd. Nr. 1, 2, 3 (Zeichen 201, 205, 206) Spalte 3 Nummer 2, lfd. Nr. 8 (Zeichen 215) Spalte 3 Nummer 3, lfd. Nr. 15 (Zeichen 229) Spalte 3 Satz 1, lfd. Nr. 17 (Zeichen 238) Spalte 3 Nummer 2, lfd. Nr. 62 (Zeichen 283) Spalte 3, lfd. Nr. 63, 64 (Zeichen 286, 290.1) Spalte 3 Nummer 1, lfd. Nr. 66 (Zeichen 293) Spalte 3, lfd. Nr. 68 (Zeichen 295) Spalte 3 Nummer 2a, lfd. Nr. 70 (Zeichen 297) Spalte 3 Nummer 2, lfd. Nr. 73	25 €		

BKat

Lfd. Nr.	Tatbestand	Straßenverkehrs-Ordnung (StVO)	Regelsatz in Euro (€), Fahrverbot in Monaten	Punkte	Probe-FE schwer-wiegend = s
52.2	länger als 1 Stunde	(Zeichen 299) Spalte 3 Satz 1 § 1 Absatz 2 § 49 Absatz 1 Nummer 1, Absatz 3 Nummer 4 § 12 Absatz 1 Nummer 3, 4 § 49 Absatz 1 Nummer 12 § 41 Absatz 1 i.V.m. Anlage 2 lfd. Nr. 1, 2, 3 (Zeichen 201, 205, 206) Spalte 3 Nummer 2, lfd. Nr. 8 (Zeichen 215) Spalte 3 Nummer 3, lfd. Nr. 15 (Zeichen 229) Spalte 3 Satz 1, lfd. Nr. 17 (Zeichen 238) Spalte 3 Nummer 2, lfd. Nr. 62 (Zeichen 283) Spalte 3, lfd. Nr. 63, 64 (Zeichen 286, 290.1) Spalte 3 Nummer 1, lfd. Nr. 66 (Zeichen 293) Spalte 3, lfd. Nr. 68 (Zeichen 295) Spalte 3 Nummer 2a, lfd. Nr. 70 (Zeichen 297) Spalte 3 Nummer 2, lfd. Nr. 73 (Zeichen 299) Spalte 3 Satz 1 § 49 Absatz 3 Nummer 4	25 €		

BKat

Lfd. Nr.	Tatbestand	Straßenverkehrs-Ordnung (StVO)	Regelsatz in Euro (€), Fahrverbot in Monaten	Punkte	Probe-FE schwer-wiegend = s
52.2.1	– mit Behinderung	§ 12 Absatz 1 Nummer 3, 4, § 1 Absatz 2 § 49 Absatz 1 Nummer 1, 12 § 41 Absatz 1 i.V.m. Anlage 2 lfd. Nr. 1, 2, 3 (Zeichen 201, 205, 206) Spalte 3 Nummer 2, lfd. Nr. 8 (Zeichen 215) Spalte 3 Nummer 3, lfd. Nr. 15 (Zeichen 229) Spalte 3 Satz 1, lfd. Nr. 17 (Zeichen 238) Spalte 3 Nummer 2, lfd. Nr. 62 (Zeichen 283) Spalte 3, lfd. Nr. 63, 64 (Zeichen 286, 290.1) Spalte 3 Nummer 1, lfd. Nr. 66 (Zeichen 293) Spalte 3, lfd. Nr. 68 (Zeichen 295) Spalte 3 Nummer 2a, lfd. Nr. 70 (Zeichen 297) Spalte 3 Nummer 2, lfd. Nr. 73 (Zeichen 299) Spalte 3 Satz 1 § 1 Absatz 2 § 49 Absatz 1 Nummer 1, Absatz 3 Nummer 4	35 €		
52a	Unzulässig auf Geh- und Radwegen geparkt (§ 12 Absatz 2 StVO)	§ 12 Absatz 4 Satz 1, Absatz 4a § 49 Absatz 1 Nummer 12 § 41 Absatz 1 i.V.m. Anlage 2 lfd. Nr. 16, 19, 20	20 €		

BKat

Lfd. Nr.	Tatbestand	Straßenverkehrs-Ordnung (StVO)	Regelsatz in Euro (€), Fahrverbot in Monaten	Punkte	Probe-FE schwer-wiegend = s
		(Zeichen 237, 240, 241) Spalte 3 Nummer 2 § 49 Absatz 3 Nummer 4			
52a.1	– mit Behinderung	§ 12 Absatz 4 Satz 1, Absatz 4a § 49 Absatz 1 Nummer 12 § 41 Absatz 1 i.V.m. Anlage 2 lfd. Nr. 16, 19, 20 (Zeichen 237, 240, 241) Spalte 3 Nummer 2 § 1 Absatz 2 § 49 Absatz 1 Nummer 1, Absatz 3 Nummer 4	30 €		
52a.2	länger als 1 Stunde	§ 12 Absatz 4 Satz 1, Absatz 4a § 49 Absatz 1 Nummer 12 § 41 Absatz 1 i.V.m. Anlage 2 lfd. Nr. 16, 19, 20 (Zeichen 237, 240, 241) Spalte 3 Nummer 2 § 49 Absatz 3 Nummer 4	30 €		
52a.2.1	– mit Behinderung	§ 12 Absatz 4 Satz 1, Absatz 4a § 1 Absatz 2 § 49 Absatz 1 Nummer 1, 12 § 41 Absatz 1 i.V.m. Anlage 2 lfd. Nr. 16, 19, 20 (Zeichen 237, 240, 241)	35 €		

BKat

Lfd. Nr.	Tatbestand	Straßenverkehrs-Ordnung (StVO)	Regelsatz in Euro (€), Fahrverbot in Monaten	Punkte	Probe-FE schwer-wiegend = s
		Spalte 3 Nummer 2 § 1 Absatz 2 § 49 Absatz 1 Nummer 1, Absatz 3 Nummer 4			
53	Vor oder in amtlich gekennzeichneten Feuerwehrzufahrten geparkt (§ 12 Absatz 2 StVO)	§ 12 Absatz 1 Nummer 5 § 49 Absatz 1 Nummer 12	35 €		
53.1	und dadurch ein Rettungsfahrzeug im Einsatz behindert	§ 12 Absatz 1 Nummer 5 § 1 Absatz 2 § 49 Absatz 1 Nummer 1, 12	65 €	1	
54	Unzulässig geparkt (§ 12 Absatz 2 StVO) in den in § 12 Absatz 3 Nummer 1 bis 5 genannten Fällen oder in den Fällen der Zeichen 201, 224, 295, 296, 299, 306, 314 mit Zusatzzeichen und 315 StVO	§ 12 Absatz 3 Nummer 1 bis 5 § 49 Absatz 1 Nummer 12 § 41 Absatz 1 i.V.m. Anlage 2 lfd. Nr. 1 (Zeichen 201) Spalte 3 Nummer 3, lfd. Nr. 14 (Zeichen 224) Spalte 3 Satz 1, lfd. Nr. 68 (Zeichen 295) Spalte 3 Nummer 1d, lfd. Nr. 69 (Zeichen 296) Spalte 3 Nummer 2, lfd. Nr. 73 (Zeichen 299) Spalte 3 Satz 1 § 49 Absatz 3 Nummer 4 § 42 Absatz 2 i.V.m. Anlage 3 lfd. Nr. 2 (Zeichen 306) Spalte 3 Satz 1, lfd. Nr. 7 (Zeichen 314 mit Zusatzzeichen) Spalte 3 Nummer 1, 2, lfd. Nr. 10 (Zeichen 315) Spalte 3 Nummer 1, 2	10 €		

Lfd. Nr.	Tatbestand	Straßenverkehrs-Ordnung (StVO)	Regelsatz in Euro (€), Fahrverbot in Monaten	Punkte	Probe-FE schwer-wiegend = s
54.1	– mit Behinderung	§ 49 Absatz 3 Nummer 5 § 12 Absatz 3 Nummer 1 bis 5 § 1 Absatz 2 § 49 Absatz 1 Nummer 1, 12 § 41 Absatz 1 i.V.m. Anlage 2 lfd. Nr. 1 (Zeichen 201) Spalte 3 Nummer 3, lfd. Nr. 14 (Zeichen 224) Spalte 3 Satz 1, lfd. Nr. 68 (Zeichen 295) Spalte 3 Nummer 1d, lfd. Nr. 69 (Zeichen 296) Spalte 3 Nummer 2, lfd. Nr. 73 (Zeichen 299) Spalte 3 Satz 1 § 1 Absatz 2 § 49 Absatz 1 Nummer 1, Absatz 3 Nummer 4 § 42 Absatz 2 i.V.m. Anlage 3 lfd. Nr. 2 (Zeichen 306) Spalte 3 Satz 1, lfd. Nr. 7 (Zeichen 314 mit Zusatzzeichen) Spalte 3 Nummer 1, 2, lfd. Nr. 10 (Zeichen 315) Spalte 3 Nummer 1, 2 § 1 Absatz 2 § 49 Absatz 1 Nummer 1, Absatz 3 Nummer 5	15 €		
54.2	länger als 3 Stunden	§ 12 Absatz 3 Nummer 1 bis 5 § 49 Absatz 1 Nummer 12 § 41 Absatz 1 i.V.m. Anlage 2	20 €		

BKat

Lfd. Nr.	Tatbestand	Straßenverkehrs-Ordnung (StVO)	Regelsatz in Euro (€), Fahrverbot in Monaten	Punkte	Probe-FE schwer-wiegend = s
		lfd. Nr. 1 (Zeichen 201) Spalte 3 Nummer 3,			
		lfd. Nr. 14 (Zeichen 224) Spalte 3 Satz 1,			
		lfd. Nr. 68 (Zeichen 295) Spalte 3 Nummer 1d,			
		lfd. Nr. 69 (Zeichen 296) Spalte 3 Nummer 2,			
		lfd. Nr. 73 (Zeichen 299) Spalte 3 Satz 1			
		§ 49 Absatz 3 Nummer 4			
		§ 42 Absatz 2 i.V.m. Anlage 3			
		lfd. Nr. 2 (Zeichen 306) Spalte 3 Satz 1,			
		lfd. Nr. 7 (Zeichen 314 mit Zusatzzeichen) Spalte 3 Nummer 1, 2,			
		lfd. Nr. 10 (Zeichen 315) Spalte 3 Nummer 1, 2			
		§ 49 Absatz 3 Nummer 5			
54.2.1	– mit Behinderung	§ 12 Absatz 3 Nummer 1 bis 5	30 €		
		§ 1 Absatz 2			
		§ 49 Absatz 1 Nummer 1, 12			
		§ 41 Absatz 1 i.V.m. Anlage 2			
		lfd. Nr. 1 (Zeichen 201) Spalte 3 Nummer 3,			
		lfd. Nr. 14 (Zeichen 224) Spalte 3 Satz 1,			
		lfd. Nr. 68 (Zeichen 295) Spalte 3 Nummer 1d,			

Lfd. Nr.	Tatbestand	Straßenverkehrs-Ordnung (StVO)	Regelsatz in Euro (€), Fahrverbot in Monaten	Punkte	Probe-FE schwer-wiegend = s
		lfd. Nr. 69 (Zeichen 296) Spalte 3 Nummer 2, lfd. Nr. 73 (Zeichen 299) Spalte 3 Satz 1 § 1 Absatz 2 § 49 Absatz 1 Nummer 1, Absatz 3 Nummer 4 § 42 Absatz 2 i.V.m. Anlage 3 lfd. Nr. 2 (Zeichen 306) Spalte 3 Satz 1, lfd. Nr. 7 (Zeichen 314 mit Zusatzzeichen) Spalte 3 Nummer 1, 2, lfd. Nr. 10 (Zeichen 315) Spalte 3 Nummer 1, 2 § 1 Absatz 2 § 49 Absatz 1 Nummer 1, Absatz 3 Nummer 5			
54a	Unzulässig auf Schutzstreifen für den Radverkehr geparkt	§ 42 Absatz 2 i.V.m. Anlage 3 lfd. Nr. 22 (Zeichen 340) Spalte 3 Nummer 3 § 49 Absatz 3 Nummer 5	20 €		
54a.1	– mit Behinderung	§ 42 Absatz 2 i.V.m. Anlage 3 lfd. Nr. 22 (Zeichen 340) Spalte 3 Nummer 3 § 1 Absatz 2 § 49 Absatz 1 Nummer 1, Absatz 3 Nummer 5	30 €		
54a.2	länger als 3 Stunden	§ 42 Absatz 2 i.V.m. Anlage 3 lfd. Nr. 22 (Zeichen 340) Spalte 3 Nummer 3 § 49 Absatz 3 Nummer 5	30 €		

BKat

Lfd. Nr.	Tatbestand	Straßenverkehrs-Ordnung (StVO)	Regelsatz in Euro (€), Fahrverbot in Monaten	Punkte	Probe-FE schwerwiegend = s
54a.2.1	– mit Behinderung	§ 42 Absatz 2 i.V.m. Anlage 3 lfd. Nr. 22 (Zeichen 340) Spalte 3 Nummer 3 § 1 Absatz 2 § 49 Absatz 1 Nummer 1, Absatz 3 Nummer 5	35 €		
55	Unberechtigt auf Schwerbehinderten-Parkplatz geparkt (§ 12 Absatz 2 StVO)	§ 42 Absatz 2 i.V.m. Anlage 3 lfd. Nr. 7 (Zeichen 314) Spalte 3 Nummer 1, 2d, lfd. Nr. 10 (Zeichen 315) Spalte 3 Nummer 1 Satz 2, Nummer 2d § 49 Absatz 3 Nummer 5	35 €		
56	In einem nach § 12 Absatz 3a Satz 1 StVO geschützten Bereich während nicht zugelassener Zeiten mit einem Kraftfahrzeug über 7,5 t zulässiger Gesamtmasse oder einem Kraftfahrzeuganhänger über 2 t zulässiger Gesamtmasse regelmäßig geparkt (§ 12 Absatz 2 StVO)	§ 12 Absatz 3a Satz 1 § 49 Absatz 1 Nummer 12	30 €		
57	Mit Kraftfahrzeuganhänger ohne Zugfahrzeug länger als zwei Wochen geparkt (§ 12 Absatz 2 StVO)	§ 12 Absatz 3b Satz 1 § 49 Absatz 1 Nummer 12	20 €		
58	In „zweiter Reihe" geparkt (§ 12 Absatz 2 StVO)	§ 12 Absatz 4 Satz 1 § 49 Absatz 1 Nummer 12	20 €		
58.1	– mit Behinderung	§ 12 Absatz 4 Satz 1 § 1 Absatz 2 § 49 Absatz 1 Nummer 1, 12	25 €		
58.2	länger als 15 Minuten	§ 12 Absatz 4 Satz 1 § 1 Absatz 2 § 49 Absatz 1 Nummer 1, 12	30 €		

BKat

Lfd. Nr.	Tatbestand	Straßenverkehrs-Ordnung (StVO)	Regelsatz in Euro (€), Fahrverbot in Monaten	Punkte	Probe-FE schwer-wiegend = s
58.2.1	– mit Behinderung	§ 12 Absatz 4 Satz 1 § 1 Absatz 2 § 49 Absatz 1 Nummer 1, 12	35 €		
59	Im Fahrraum von Schienenfahrzeugen gehalten	§ 12 Absatz 4 Satz 5 § 49 Absatz 1 Nummer 12	20 €		
59.1	– mit Behinderung	§ 12 Absatz 4 Satz 5 § 1 Absatz 2 § 49 Absatz 1 Nummer 1, 12	30 €		
60	Im Fahrraum von Schienenfahrzeugen geparkt (§ 12 Absatz 2 StVO)	§ 12 Absatz 4 Satz 5 § 49 Absatz 1 Nummer 12	25 €		
60.1	– mit Behinderung	§ 12 Absatz 4 Satz 5 § 1 Absatz 2 § 49 Absatz 1 Nummer 1, 12	35 €		
61	Vorrang des Berechtigten beim Einparken in eine Parklücke nicht beachtet	§ 12 Absatz 5 § 49 Absatz 1 Nummer 12	10 €		
62	Nicht Platz sparend gehalten oder geparkt (§ 12 Absatz 2 StVO)	§ 12 Absatz 6 § 49 Absatz 1 Nummer 12	10 €		
	Einrichtungen zur Überwachung der Parkzeit				
63	An einer abgelaufenen Parkuhr, ohne vorgeschriebene Parkscheibe, ohne Park-schein oder unter Überschreiten der erlaubten Höchstparkdauer geparkt (§ 12 Absatz 2 StVO)	§ 13 Absatz 1, 2 § 49 Absatz 1 Nummer 13	10 €		
63.1	bis zu 30 Minuten		10 €		
63.2	bis zu 1 Stunde		15 €		
63.3	bis zu 2 Stunden		20 €		
63.4	bis zu 3 Stunden		25 €		
63.5	länger als 3 Stunden		30 €		

BKat

Lfd. Nr.	Tatbestand	Straßenverkehrs-Ordnung (StVO)	Regelsatz in Euro (€), Fahrverbot in Monaten	Punkte	Probe-FE schwer-wiegend = s
	Sorgfaltspflichten beim Ein- und Aussteigen				
64	Beim Ein- oder Aussteigen einen anderen Verkehrsteilnehmer gefährdet	§ 14 Absatz 1 § 49 Absatz 1 Nummer 14	20 €		
64.1	– mit Sachbeschädigung	§ 14 Absatz 1 § 1 Absatz 2 § 49 Absatz 1 Nummer 1, 14	25 €		
65	Fahrzeug verlassen, ohne die nötigen Maßnahmen getroffen zu haben, um Unfälle oder Verkehrsstörungen zu vermeiden	§ 14 Absatz 2 Satz 1 § 49 Absatz 1 Nummer 14	15 €		
65.1	– mit Sachbeschädigung	§ 14 Absatz 2 Satz 1 § 1 Absatz 2 § 49 Absatz 1 Nummer 1, 14	25 €		
	Liegenbleiben von Fahrzeugen				
66	Liegen gebliebenes mehrspuriges Fahrzeug nicht oder nicht wie vorgeschrieben abgesichert, beleuchtet oder kenntlich gemacht und dadurch einen anderen gefährdet	§ 15, auch i.V.m. § 17 Absatz 4 Satz 1, 3 § 1 Absatz 2 § 49 Absatz 1 Nummer 1, 15	60 €	1	
	Abschleppen von Fahrzeugen				
67	Beim Abschleppen eines auf der Autobahn liegen gebliebenen Fahrzeugs die Autobahn nicht bei der nächsten Ausfahrt verlassen oder mit einem außerhalb der Autobahn liegen gebliebenen Fahrzeug in die Autobahn eingefahren	§ 15a Absatz 1, 2 § 49 Absatz 1 Nummer 15a	20 €		
68	Während des Abschleppens Warnblinklicht nicht eingeschaltet	§ 15a Absatz 3 § 49 Absatz 1 Nummer 15a	5 €		
69	Kraftrad abgeschleppt	§ 15a Absatz 4 § 49 Absatz 1 Nummer 15a	10 €		

BKat

Lfd. Nr.	Tatbestand	Straßenverkehrs-Ordnung (StVO)	Regelsatz in Euro (€), Fahrverbot in Monaten	Punkte	Probe-FE schwerwiegend = s
	Warnzeichen				
70	Missbräuchlich Schall- oder Leuchtzeichen gegeben und dadurch einen anderen belästigt oder Schallzeichen gegeben, die aus einer Folge verschieden hoher Töne bestehen	§ 16 Absatz 1, 3 § 1 Absatz 2 § 49 Absatz 1 Nummer 1, 16	10 €		
71	Einen Omnibus des Linienverkehrs oder einen gekennzeichneten Schulbus geführt und Warnblinklicht bei Annäherung an eine Haltestelle oder für die Dauer des Ein- und Aussteigens der Fahrgäste entgegen der straßenverkehrsbehördlichen Anordnung nicht eingeschaltet	§ 16 Absatz 2 Satz 1 § 49 Absatz 1 Nummer 16	10 €		
72	Warnblinklicht missbräuchlich eingeschaltet	§ 16 Absatz 2 Satz 2 § 49 Absatz 1 Nummer 16	5 €		
	Beleuchtung				
73	Vorgeschriebene Beleuchtungseinrichtungen nicht oder nicht vorschriftsmäßig benutzt, obwohl die Sichtverhältnisse es erforderten, oder nicht rechtzeitig abgeblendet oder Beleuchtungseinrichtungen in verdecktem oder beschmutztem Zustand benutzt	§ 17 Absatz 1, 2 Satz 3, Absatz 3 Satz 2, 5, Absatz 6 § 49 Absatz 1 Nummer 17	20 €		
73.1	– mit Gefährdung	§ 17 Absatz 1, 2 Satz 3, Absatz 3 Satz 2, 5, Absatz 6 § 1 Absatz 2 § 49 Absatz 1 Nummer 1, 17	25 €		
73.2	– mit Sachbeschädigung		35 €		
74	Nur mit Standlicht oder auf einer Straße mit durchgehender, ausreichender Beleuchtung mit Fernlicht gefahren oder mit einem Kraftrad am Tage nicht mit Abblendlicht oder eingeschalteten Tagfahrleuchten gefahren	§ 17 Absatz 2 Satz 1, 2, Absatz 2a § 49 Absatz 1 Nummer 17	10 €		

Lfd. Nr.	Tatbestand	Straßenverkehrs-Ordnung (StVO)	Regelsatz in Euro (€), Fahrverbot in Monaten	Punkte	Probe-FE schwer-wiegend = s
74.1	– mit Gefährdung	§ 17 Absatz 2 Satz 1, 2, Absatz 2a § 1 Absatz 2 § 49 Absatz 1 Nummer 1, 17	15 €		
74.2	– mit Sachbeschädigung		35 €		
75	Bei erheblicher Sichtbehinderung durch Nebel, Schneefall oder Regen innerhalb geschlossener Ortschaften am Tage nicht mit Abblendlicht gefahren	§ 17 Absatz 3 Satz 1 § 49 Absatz 1 Nummer 17	25 €		
75.1	– mit Sachbeschädigung	§ 17 Absatz 3 Satz 1 § 1 Absatz 2 § 49 Absatz 1 Nummer 1, 17	35 €		
76	Bei erheblicher Sichtbehinderung durch Nebel, Schneefall oder Regen außerhalb geschlossener Ortschaften am Tage nicht mit Abblendlicht gefahren	§ 17 Absatz 3 Satz 1 § 49 Absatz 1 Nummer 17	60 €	1	
77	Haltendes mehrspuriges Fahrzeug nicht oder nicht wie vorgeschrieben beleuchtet oder kenntlich gemacht	§ 17 Absatz 4 Satz 1, 3 § 49 Absatz 1 Nummer 17	20 €		
77.1	– mit Sachbeschädigung	§ 17 Absatz 4 Satz 1, 3 § 1 Absatz 2 § 49 Absatz 1 Nummer 1, 17	35 €		
Autobahnen und Kraftfahrstraßen					
78	Autobahn oder Kraftfahrstraße mit einem Fahrzeug benutzt, dessen durch die Bauart bestimmte Höchstgeschwindigkeit weniger als 60 km/h betrug oder dessen zulässige Höchstabmessungen zusammen mit der Ladung überschritten waren, soweit die Gesamthöhe nicht mehr als 4,20 m betrug	§ 18 Absatz 1 § 49 Absatz 1 Nummer 18	20 €		
79	Autobahn oder Kraftfahrstraße mit einem Fahrzeug benutzt, dessen Höhe zusammen mit der Ladung mehr als 4,20 m betrug	§ 18 Absatz 1 Satz 2 § 49 Absatz 1 Nummer 18	70 €	1	
80	An dafür nicht vorgesehener Stelle eingefahren	§ 18 Absatz 2 § 49 Absatz 1 Nummer 18	25 €		

Lfd. Nr.	Tatbestand	Straßenverkehrs-Ordnung (StVO)	Regelsatz in Euro (€), Fahrverbot in Monaten	Punkte	Probe-FE schwer-wiegend = s
80.1	– mit Gefährdung	§ 18 Absatz 2 § 1 Absatz 2 § 49 Absatz 1 Nummer 1, 18	75 €	1	s
(81)	(aufgehoben)				
82	Beim Einfahren Vorfahrt auf der durchgehenden Fahrbahn nicht beachtet	§ 18 Absatz 3 § 49 Absatz 1 Nummer 18	75 €	1	s
83	Gewendet, rückwärts oder entgegen der Fahrtrichtung gefahren	§ 18 Absatz 7 § 2 Absatz 1 § 49 Absatz 1 Nummer 2, 18			
83.1	in einer Ein- oder Ausfahrt		75 €	1	s
83.2	auf der Nebenfahrbahn oder dem Seitenstreifen		130 €	1	s
83.3	auf der durchgehenden Fahrbahn		200 € Fahrverbot 1 Monat	2	s
84	Auf einer Autobahn oder Kraftfahrstraße gehalten	§ 18 Absatz 8 § 49 Absatz 1 Nummer 18	30 €		
85	Auf Autobahnen oder Kraftfahrstraßen geparkt (§ 12 Absatz 2 StVO)	§ 18 Absatz 8 § 49 Absatz 1 Nummer 18	70 €	1	
86	Als zu Fuß Gehender Autobahn betreten oder Kraftfahrstraße an dafür nicht vorgesehener Stelle betreten	§ 18 Absatz 9 § 49 Absatz 1 Nummer 18	10 €		
87	An dafür nicht vorgesehener Stelle ausgefahren	§ 18 Absatz 10 § 49 Absatz 1 Nummer 18	25 €		
87a	Mit einem Lastkraftwagen über 7,5 t zulässiger Gesamtmasse, einschließlich Anhänger, oder einer Zugmaschine den äußerst linken Fahrstreifen bei Schneeglätte oder Glatteis oder, obwohl die Sichtweite durch erheblichen Schneefall oder Regen auf 50 m oder weniger eingeschränkt ist, benutzt	§ 18 Absatz 11 § 49 Absatz 1 Nummer 18	80 €	1	

BKat

Lfd. Nr.	Tatbestand	Straßenverkehrs-Ordnung (StVO)	Regelsatz in Euro (€), Fahrverbot in Monaten	Punkte	Probe-FE schwerwiegend = s
88	Seitenstreifen zum Zweck des schnelleren Vorwärtskommens benutzt	§ 2 Absatz 1 § 49 Absatz 1 Nummer 2	75 €	1	s
	Bahnübergänge				
89	Mit einem Fahrzeug den Vorrang eines Schienenfahrzeugs nicht beachtet	§ 19 Absatz 1 Satz 1 § 49 Absatz 1 Nummer 19 Buchstabe a	80 €	1	s
89a	Kraftfahrzeug an einem Bahnübergang (Zeichen 151, 156 bis einschließlich Kreuzungsbereich von Schiene und Straße) unzulässig überholt	§ 19 Absatz 1 Satz 3 § 49 Absatz 1 Nummer 19 Buchstabe a	70 €	1	s
89b	Bahnübergang unter Verstoß gegen die Wartepflicht nach § 19 Absatz 2 StVO überquert				
89b.1	in den Fällen des § 19 Absatz 2 Satz 1 Nummer 1 StVO	§ 19 Absatz 2 Satz 1 Nummer 1 § 49 Absatz 1 Nummer 19 Buchstabe a	80 €	1	s
89b.2	in den Fällen des § 19 Absatz 2 Satz 1 Nummer 2 bis 5 StVO (außer bei geschlossener Schranke)	§ 19 Absatz 2 Satz 1 Nummer 2 bis 5 § 49 Absatz 1 Nummer 19 Buchstabe a	240 € Fahrverbot 1 Monat	2	s
90	Vor einem Bahnübergang Wartepflichten verletzt	§ 19 Absatz 2 bis 5 § 49 Absatz 1 Nummer 19 Buchstabe a	10 €		
	Öffentliche Verkehrsmittel und Schulbusse				
91	An einem Omnibus des Linienverkehrs, einer Straßenbahn oder einem gekennzeichneten Schulbus nicht mit Schrittgeschwindigkeit rechts vorbeigefahren, obwohl diese an einer Haltestelle (Zeichen 224) hielten und Fahrgäste ein- oder ausstiegen (soweit nicht von Nummer 11 erfasst)	§ 20 Absatz 2 Satz 1 § 49 Absatz 1 Nummer 19 Buchstabe b	15 €		

BKat

Lfd. Nr.	Tatbestand	Straßenverkehrs-Ordnung (StVO)	Regelsatz in Euro (€), Fahrverbot in Monaten	Punkte	Probe-FE schwerwiegend = s
92	An einer Haltestelle (Zeichen 224) an einem haltendem Omnibus des Linienverkehrs, einer haltenden Straßenbahn oder einem haltendem gekennzeichneten Schulbus nicht mit Schrittgeschwindigkeit oder ohne ausreichenden Abstand rechts vorbeigefahren oder nicht gewartet, obwohl dies nötig war und Fahrgäste ein- oder ausstiegen, und dadurch einen Fahrgast				
92.1	behindert	§ 20 Absatz 2 § 49 Absatz 1 Nummer 19 Buchstabe b	60 €, soweit sich nicht aus Nummer 11 ein höherer Regelsatz ergibt	1	s
92.2	gefährdet	§ 20 Absatz 2 Satz 1, 3 § 1 Abs. 2 § 49 Absatz 1 Nummer 1, 19 Buchstabe b	70 €, soweit sich nicht aus Nummer 11, auch i.V.m. Tabelle 4, ein höherer Regelsatz ergibt	1	s
93	Omnibus des Linienverkehrs oder gekennzeichneten Schulbus, der sich mit eingeschaltetem Warnblinklicht einer Haltestelle (Zeichen 224) nähert, überholt	§ 20 Absatz 3 § 49 Absatz 1 Nummer 19 Buchstabe b	60 €	1	s
94	An einem Omnibus des Linienverkehrs oder einem gekennzeichneten Schulbus nicht mit Schrittgeschwindigkeit vorbeigefahren, obwohl dieser an einer Haltestelle (Zeichen 224) hielt und Warnblinklicht eingeschaltet hatte (soweit nicht von Nummer 11 erfasst)	§ 20 Absatz 4 Satz 1, 2 § 49 Absatz 1 Nummer 19 Buchstabe b	15 €		
95	An einem Omnibus des Linienverkehrs oder einem gekennzeichneten Schulbus, die an einer Haltestelle (Zeichen 224) hielten und Warnblinklicht eingeschaltet hatten, nicht mit Schrittgeschwindigkeit oder ohne ausreichendem Abstand vorbeigefahren oder nicht gewartet, obwohl dies nötig war, und dadurch einen Fahrgast				

BKat

Lfd. Nr.	Tatbestand	Straßenverkehrs-Ordnung (StVO)	Regelsatz in Euro (€), Fahrverbot in Monaten	Punkte	Probe-FE schwer-wiegend = s
95.1	behindert	§ 20 Absatz 4 § 49 Absatz 1 Nummer 19 Buchstabe b	60 €, soweit sich nicht aus Nummer 11 ein höherer Regel- satz ergibt	1	s
95.2	gefährdet	§ 20 Absatz 4 Satz 1, 2, 4 § 1 Absatz 2 § 49 Absatz 1 Nummer 1, 19 Buchstabe b	70 €, soweit sich nicht aus Nummer 11, auch i.V.m. Tabelle 4, ein höherer Regel- satz ergibt	1	s
96	Einem Omnibus des Linienverkehrs oder einem Schulbus das Abfahren von einer gekennzeichneten Haltestelle nicht ermöglicht	§ 20 Absatz 5 § 49 Absatz 1 Nummer 19 Buchstabe b	5 €		
96.1	– mit Gefährdung	§ 20 Absatz 5 § 1 Absatz 2 § 49 Absatz 1 Nummer 1, 19 Buchstabe b	20 €		
96.2	– mit Sachbeschädigung		30 €		
Personenbeförderung, Sicherungspflichten					
97	Gegen eine Vorschrift über die Mitnahme von Personen auf oder in Fahrzeugen verstoßen	§ 21 Absatz 1, 2, 3 § 49 Absatz 1 Nummer 20	5 €		
98	Ein Kind mitgenommen, ohne für die vorschriftsmäßige Sicherung zu sorgen (außer in KOM über 3,5 t zulässige Gesamtmasse)	§ 21 Absatz 1a Satz 1 § 21a Absatz 1 Satz 1 § 49 Absatz 1 Nummer 20, 20a			
98.1	bei einem Kind		30 €		
98.2	bei mehreren Kindern		35 €		

Lfd. Nr.	Tatbestand	Straßenverkehrs-Ordnung (StVO)	Regelsatz in Euro (€), Fahrverbot in Monaten	Punkte	Probe-FE schwer-wiegend = s
99	Ein Kind ohne Sicherung mitgenommen oder nicht für eine Sicherung eines Kindes in einem Kfz gesorgt (außer in Kraftomnibus über 3,5 t zulässige Gesamtmasse) oder beim Führen eines Kraftrades ein Kind befördert, obwohl es keinen Schutzhelm trug	§ 21 Absatz 1a Satz 1 § 21a Absatz 1 Satz 1, Absatz 2 § 49 Absatz 1 Nummer 20, 20a			
99.1	bei einem Kind		60 €	1	
99.2	bei mehreren Kindern		70 €	1	
100	Vorgeschriebenen Sicherheitsgurt während der Fahrt nicht angelegt	§ 21a Absatz 1 Satz 1 § 49 Absatz 1 Nummer 20a	30 €		
101	Während der Fahrt keinen geeigneten Schutzhelm getragen	§ 21a Absatz 2 Satz 1 § 49 Absatz 1 Nummer 20a	15 €		
	Ladung				
102	Ladung oder Ladeeinrichtung nicht so verstaut oder gesichert, dass sie selbst bei Vollbremsung oder plötzlicher Ausweichbewegung nicht verrutschen, umfallen, hin- und herrollen oder herabfallen können				
102.1	bei Lastkraftwagen oder Kraftomnibussen bzw. ihren Anhängern	§ 22 Absatz 1 § 49 Absatz 1 Nummer 21	60 €	1	
102.1.1	– mit Gefährdung	§ 22 Absatz 1 § 1 Absatz 2 § 49 Absatz 1 Nummer 1, 21	75 €	1	
102.2	bei anderen als in Nummer 102.1 genannten Kraftfahrzeugen bzw. ihren Anhängern	§ 22 Absatz 1 § 49 Absatz 1 Nummer 21	35 €		
102.2.1	– mit Gefährdung	§ 22 Absatz 1 § 1 Absatz 2 § 49 Absatz 1 Nummer 1, 21	60 €	1	
103	Ladung oder Ladeeinrichtung nicht so verstaut oder gesichert, dass sie keinen vermeidbaren Lärm erzeugen können	§ 22 Absatz 1 § 49 Absatz 1 Nummer 21	10 €		

BKat

Lfd. Nr.	Tatbestand	Straßenverkehrs-Ordnung (StVO)	Regelsatz in Euro (€), Fahrverbot in Monaten	Punkte	Probe-FE schwerwiegend = s
104	Fahrzeug geführt, dessen Höhe zusammen mit der Ladung mehr als 4,20 m betrug	§ 22 Absatz 2 Satz 1 § 49 Absatz 1 Nummer 21	60 €	1	
105	Fahrzeug geführt, das zusammen mit der Ladung eine der höchstzulässigen Abmessungen überschritt, soweit die Gesamthöhe nicht mehr als 4,20 m betrug, oder dessen Ladung unzulässig über das Fahrzeug hinausragte	§ 22 Absatz 2, 3, 4 Satz 1, 2, Absatz 5 Satz 2 § 49 Absatz 1 Nummer 21	20 €		
106	Vorgeschriebene Sicherungsmittel nicht oder nicht ordnungsgemäß angebracht	§ 22 Absatz 4 Satz 3 bis 5, Absatz 5 Satz 1 § 49 Absatz 1 Nummer 21	25 €		
	Sonstige Pflichten von Fahrzeugführenden				
107	Beim Führen eines Fahrzeugs nicht dafür gesorgt, dass				
107.1	seine Sicht oder das Gehör durch die Besetzung, Tiere, die Ladung, ein Gerät oder den Zustand des Fahrzeugs nicht beeinträchtigt war	§ 23 Absatz 1 Satz 1 § 49 Absatz 1 Nummer 22	10 €		
107.2	das Fahrzeug, der Zug, das Gespann, die Ladung oder die Besetzung vorschriftsmäßig waren oder die Verkehrssicherheit des Fahrzeugs durch die Ladung oder die Besetzung nicht litt	§ 23 Absatz 1 Satz 2 § 49 Absatz 1 Nummer 22	25 €		
107.3	die vorgeschriebenen Kennzeichen stets gut lesbar waren	§ 23 Absatz 1 Satz 3 § 49 Absatz 1 Nummer 22	5 €		
107.4	an einem Kraftfahrzeug, an dessen Anhänger oder an einem Fahrrad die vorgeschriebene Beleuchtungseinrichtung auch am Tage vorhanden oder betriebsbereit war	§ 23 Absatz 1 Satz 4 § 49 Absatz 1 Nummer 22	20 €		
107.4.1	– mit Gefährdung	§ 23 Absatz 1 Satz 4 § 1 Absatz 2 § 49 Absatz 1 Nummer 1, 22	25 €		
107.4.2	– mit Sachbeschädigung		35 €		

BKat

Lfd. Nr.	Tatbestand	Straßenverkehrs-Ordnung (StVO)	Regelsatz in Euro (€), Fahrverbot in Monaten	Punkte	Probe-FE schwer-wiegend = s
108	Beim Führen eines Fahrzeugs nicht dafür gesorgt, dass das Fahrzeug, der Zug, das Gespann, die Ladung oder die Besetzung vorschriftsmäßig waren, wenn dadurch die Verkehrssicherheit wesentlich beeinträchtigt war oder die Verkehrssicherheit des Fahrzeugs durch die Ladung oder die Besetzung wesentlich litt	§ 23 Absatz 1 Satz 2 § 49 Absatz 1 Nummer 22	80 €	1	
(109)	(aufgehoben)				
(109a)	(aufgehoben)				
110	Fahrzeug, Zug oder Gespann nicht auf dem kürzesten Weg aus dem Verkehr gezogen, obwohl unterwegs die Verkehrssicherheit wesentlich beeinträchtigende Mängel aufgetreten waren, die nicht alsbald beseitigt werden konnten	§ 23 Absatz 2 Halbsatz 1 § 49 Absatz 1 Nummer 22	10 €		
Fußgänger					
111	Trotz vorhandenen Gehwegs oder Seitenstreifens auf der Fahrbahn oder außerhalb geschlossener Ortschaften nicht am linken Fahrbahnrand gegangen	§ 25 Absatz 1 Satz 2, 3 Halbsatz 2 § 49 Absatz 1 Nummer 24 Buchstabe a	5 €		
112	Fahrbahn ohne Beachtung des Fahrzeugverkehrs oder nicht zügig auf dem kürzesten Weg quer zur Fahrtrichtung oder an nicht vorgesehener Stelle überschritten	§ 25 Absatz 3 Satz 1 § 49 Absatz 1 Nummer 24 Buchstabe a			
112.1	– mit Gefährdung	§ 25 Absatz 3 Satz 1 § 1 Absatz 2 § 49 Absatz 1 Nummer 1, 24 Buchstabe a	5 €		
112.2	– mit Sachbeschädigung		10 €		
Fußgängerüberweg					
113	An einem Fußgängerüberweg, den zu Fuß Gehende oder Fahrende von Krankenfahrstühlen oder Rollstühlen erkennbar benutzen wollten, das Überqueren der Fahrbahn nicht ermöglicht oder nicht mit mäßiger Geschwindigkeit herangefahren oder an einem Fußgängerüberweg überholt	§ 26 Absatz 1, 3 § 49 Absatz 1 Nummer 24 Buchstabe b	80 €	1	s

Lfd. Nr.	Tatbestand	Straßenverkehrs-Ordnung (StVO)	Regelsatz in Euro (€), Fahrverbot in Monaten	Punkte	Probe-FE schwerwiegend = s
114	Bei stockendem Verkehr auf einen Fußgängerüberweg gefahren	§ 26 Absatz 2 § 49 Absatz 1 Nummer 24 Buchstabe b	5 €		
Übermäßige Straßenbenutzung					
115	Als Veranstalter erlaubnispflichtige Veranstaltung ohne Erlaubnis durchgeführt	§ 29 Absatz 2 Satz 1 § 49 Absatz 2 Nummer 6	40 €		
116	Ohne Erlaubnis ein Fahrzeug oder einen Zug geführt, dessen Abmessungen, Achslasten oder Gesamtmasse die gesetzlich allgemein zugelassenen Grenzen tatsächlich überschritten oder dessen Bauart dem Fahrzeugführenden kein ausreichendes Sichtfeld ließ	§ 29 Absatz 3 § 49 Absatz 2 Nummer 7	**60 €**	1	s
Umweltschutz					
117	Bei Benutzung eines Fahrzeugs unnötigen Lärm oder vermeidbare Abgasbelästigungen verursacht	§ 30 Absatz 1 Satz 1, 2 § 49 Absatz 1 Nummer 25	10 €		
118	Innerhalb einer geschlossenen Ortschaft unnütz hin- und hergefahren und dadurch Andere belästigt	§ 30 Absatz 1 Satz 3 § 49 Absatz 1 Nummer 25	20 €		
Sonn- und Feiertagsfahrverbot					
119	Verbotswidrig an einem Sonntag oder Feiertag gefahren	§ 30 Absatz 3 Satz 1 § 49 Absatz 1 Nummer 25	**120 €**		
120	Als Halter das verbotswidrige Fahren an einem Sonntag oder Feiertag angeordnet oder zugelassen	§ 30 Absatz 3 Satz 1 § 49 Absatz 1 Nummer 25	**570 €**		
Inline-Skaten und Rollschuhfahren					
120a	Beim Inline-Skaten oder Rollschuhfahren Fahrbahn, Seitenstreifen oder Radweg unzulässig benutzt oder bei durch Zusatzzeichen erlaubtem Inline-Skaten und Rollschuhfahren sich nicht mit äußerster Vorsicht und unter besonderer Rücksichtnahme auf den übrigen Verkehr am rechten Rand in Fahrtrichtung bewegt	§ 31 Absatz 1 Satz 1, Absatz 2 Satz 2 § 49 Absatz 1 Nummer 26	10 €		

Lfd. Nr.	Tatbestand	Straßenverkehrs-Ordnung (StVO)	Regelsatz in Euro (€), Fahrverbot in Monaten	Punkte	Probe-FE schwer-wiegend = s
	oder Fahrzeugen das Überholen nicht ermöglicht				
120a.1	– mit Behinderung	§ 31 Absatz 1 Satz 1, Absatz 2 Satz 3 § 1 Absatz 2 § 49 Absatz 1 Nummer 1, 26	15 €		
120a.2	– mit Gefährdung		20 €		
Verkehrshindernisse					
121	Straße beschmutzt oder benetzt, obwohl dadurch der Verkehr gefährdet oder erschwert werden konnte	§ 32 Absatz 1 Satz 1 § 49 Absatz 1 Nummer 27	10 €		
122	Verkehrswidrigen Zustand nicht oder nicht rechtzeitig beseitigt oder nicht ausreichend kenntlich gemacht	§ 32 Absatz 1 Satz 2 § 49 Absatz 1 Nummer 27	10 €		
123	Gegenstand auf eine Straße gebracht oder dort liegen gelassen, obwohl dadurch der Verkehr gefährdet oder erschwert werden konnte	§ 32 Absatz 1 Satz 1 § 49 Absatz 1 Nummer 27	**60 €**	1	
124	Gefährliches Gerät nicht wirksam verkleidet	§ 32 Absatz 2 § 49 Absatz 1 Nummer 27	5 €		
Unfall					
125	Als an einem Unfall beteiligte Person den Verkehr nicht gesichert oder bei geringfügigem Schaden nicht unverzüglich beiseite gefahren	§ 34 Absatz 1 Nummer 2 § 49 Absatz 1 Nummer 29	30 €		
125.1	– mit Sachbeschädigung	§ 34 Absatz 1 Nummer 2 § 1 Absatz 2 § 49 Absatz 1 Nummer 1, 29	35 €		
126	Unfallspuren beseitigt, bevor die notwendigen Feststellungen getroffen waren	§ 34 Absatz 3 § 49 Absatz 1 Nummer 29	30 €		

BKat

Lfd. Nr.	Tatbestand	Straßenverkehrs-Ordnung (StVO)	Regelsatz in Euro (€), Fahrverbot in Monaten	Punkte	Probe-FE schwerwiegend = s
	Warnkleidung				
127	Bei Arbeiten außerhalb von Gehwegen oder Absperrungen keine auffällige Warnkleidung getragen	§ 35 Absatz 6 Satz 4 § 49 Absatz 4 Nummer 1a	5 €		
	Zeichen und Weisungen der Polizeibeamten				
128	Weisung eines Polizeibeamten nicht befolgt	§ 36 Absatz 1 Satz 1, Absatz 3, Absatz 5 Satz 4 § 49 Absatz 3 Nummer 1	20 €		
129	Zeichen oder Haltgebot eines Polizeibeamten nicht befolgt	§ 36 Absatz 1 Satz 1, Absatz 2, Absatz 4, Absatz 5 Satz 4 § 49 Absatz 3 Nummer 1	70 €	1	s
	Wechsellichtzeichen, Dauerlichtzeichen und Grünpfeil				
130	Beim zu Fuß gehen rotes Wechsellichtzeichen nicht befolgt oder den Weg beim Überschreiten der Fahrbahn beim Wechsel von Grün auf Rot nicht zügig fortgesetzt	§ 37 Absatz 2 Nummer 1 Satz 7, Nummer 2, 5 Satz 3 § 49 Absatz 3 Nummer 2	5 €		
130.1	– mit Gefährdung	§ 37 Absatz 2 Nummer 1 Satz 7, Nummer 2, 5 Satz 3 § 1 Absatz 2 § 49 Absatz 1 Nummer 1, Absatz 3 Nummer 2	5 €		
130.2	– mit Sachbeschädigung		10 €		
131	Beim Rechtsabbiegen mit Grünpfeil				
131.1	aus einem anderen als dem rechten Fahrstreifen abgebogen	§ 37 Absatz 2 Nummer 1 Satz 9 § 49 Absatz 3 Nummer 2	15 €		
131.2	den Fahrzeugverkehr der freigegebenen Verkehrsrichtungen, ausgenommen den Fahrradverkehr auf Radwegfurten, behindert	§ 37 Absatz 2 Nummer 1 Satz 10 § 49 Absatz 3 Nummer 2	35 €		

BKat

Lfd. Nr.	Tatbestand	Straßenverkehrs-Ordnung (StVO)	Regelsatz in Euro (€), Fahrverbot in Monaten	Punkte	Probe-FE schwerwiegend = s
132	Als Kfz-Führer in anderen als den Fällen des Rechtsabbiegens mit Grünpfeil rotes Wechsellichtzeichen oder rotes Dauerlichtzeichen nicht befolgt	§ 37 Absatz 2 Nummer 1 Satz 7, 11, Nummer 2, Absatz 3 Satz 1, 2 § 49 Absatz 3 Nummer 2	90 €	1	s
132.1	– mit Gefährdung	§ 37 Absatz 2 Nummer 1 Satz 7, 11, Nummer 2, Absatz 3 Satz 1, 2 § 1 Absatz 2 § 49 Absatz 1 Nummer 1, Absatz 3 Nummer 2	200 € Fahrverbot 1 Monat	2	s
132.2	– mit Sachbeschädigung		240 € Fahrverbot 1 Monat	2	s
132.3	bei schon länger als 1 Sekunde andauernder Rotphase eines Wechsellichtzeichens	§ 37 Absatz 2 Nummer 1 Satz 7, 11, Nummer 2 § 49 Absatz 3 Nummer 2	200 € Fahrverbot 1 Monat	2	s
132.3.1	– mit Gefährdung	§ 37 Absatz 2 Nummer 1 Satz 7, 11, Nummer 2 § 1 Absatz 2 § 49 Absatz 1 Nummer 1, Absatz 3 Nummer 2	320 € Fahrverbot 1 Monat	2	s
132.3.2	– mit Sachbeschädigung		360 € Fahrverbot 1 Monat	2	s
132a	Als Radfahrer in anderen als den Fällen des Rechtsabbiegens mit Grünpfeil rotes Wechsellichtzeichen oder rotes Dauerlichtzeichen nicht befolgt	§ 37 Absatz 2 Nummer 1 Satz 7, 11, Nummer 2, Absatz 3 Satz 1, 2 § 49 Absatz 3 Nummer 2	60 €	1	s

Lfd. Nr.	Tatbestand	Straßenverkehrs-Ordnung (StVO)	Regelsatz in Euro (€), Fahrverbot in Monaten	Punkte	Probe-FE schwerwiegend = s
132a.1	– mit Gefährdung	§ 37 Absatz 2 Nummer 1 Satz 7, 11, Nummer 2, Absatz 3 Satz 1, 2 § 1 Absatz 2 § 49 Absatz 1 Nummer 1, Absatz 3 Nummer 2	100 €	1	s
132a.2	– mit Sachbeschädigung		120 €	1	s
132a.3	bei schon länger als 1 Sekunde andauernder Rotphase eines Wechsellichtzeichens	§ 37 Absatz 2 Nummer 1 Satz 7, 11, Nummer 2 § 49 Absatz 3 Nummer 2	100 €	1	s
132a.3.1	– mit Gefährdung	§ 37 Absatz 2 Nummer 1 Satz 7, 11, Nummer 2 § 1 Absatz 2 § 49 Absatz 1 Nummer 1, Absatz 3 Nummer 2	160 €	1	s
132a.3.2	– mit Sachbeschädigung		180 €	1	s
133	Beim Rechtsabbiegen mit Grünpfeil				
133.1	vor dem Rechtsabbiegen nicht angehalten	§ 37 Absatz 2 Nummer 1 Satz 7 § 49 Absatz 3 Nummer 2	70 €	1	s
133.2	den Fahrzeugverkehr der freigegebenen Verkehrsrichtungen, ausgenommen den Fahrradverkehr auf Radwegfurten, gefährdet	§ 37 Absatz 2 Nummer 1 Satz 10 § 49 Absatz 3 Nummer 2	100 €	1	s
133.3	den Fußgängerverkehr oder den Fahrradverkehr auf Radwegfurten der freigegebenen Verkehrsrichtungen	§ 37 Absatz 2 Nummer 1 Satz 10 § 49 Absatz 3 Nummer 2			
133.3.1	behindert		100 €	1	s
133.3.2	gefährdet		150 €	1	s

BKat

Lfd. Nr.	Tatbestand	Straßenverkehrs-Ordnung (StVO)	Regelsatz in Euro (€), Fahrverbot in Monaten	Punkte	Probe-FE schwerwiegend = s
	Blaues und gelbes Blinklicht				
134	Blaues Blinklicht zusammen mit dem Einsatzhorn oder allein oder gelbes Blinklicht missbräuchlich verwendet	§ 38 Absatz 1 Satz 1, Absatz 2, Absatz 3 Satz 3 § 49 Absatz 3 Nummer 3	20 €		
135	Einem Einsatzfahrzeug, das blaues Blinklicht zusammen mit dem Einsatzhorn verwendet hatte, nicht sofort freie Bahn geschaffen	§ 38 Absatz 1 Satz 2 § 49 Absatz 3 Nummer 3	20 €		
	Vorschriftzeichen				
136	Zeichen 206 (Halt. Vorfahrt gewähren.) nicht befolgt	§ 41 Absatz 1 i.V.m. Anlage 2 lfd. Nr. 3 (Zeichen 206) Spalte 3 Nummer 1, 3 § 49 Absatz 3 Nummer 4	10 €		
137	Bei verengter Fahrbahn (Zeichen 208) dem Gegenverkehr keinen Vorrang gewährt	§ 41 Absatz 1 i.V.m. Anlage 2 lfd. Nr. 4 (Zeichen 208) Spalte 3 § 49 Absatz 3 Nummer 4	5 €		
137.1	– mit Gefährdung	§ 41 Absatz 1 i.V.m. Anlage 2 lfd. Nr. 4 (Zeichen 208) Spalte 3 § 1 Absatz 2 § 49 Absatz 1 Nummer 1, Absatz 3 Nummer 4	10 €		
137.2	– mit Sachbeschädigung		20 €		
138	Die durch Vorschriftzeichen (Zeichen 209, 211, 214, 222) vorgeschriebene Fahrtrichtung oder Vorbeifahrt nicht befolgt	§ 41 Absatz 1 i.V.m. Anlage 2 lfd. Nr. 5, 6, 7, 10 (Zeichen 209, 211, 214, 222) Spalte 3 Satz 1 § 49 Absatz 3 Nummer 4	10 €		

BKat

Lfd. Nr.	Tatbestand		Straßenverkehrs-Ordnung (StVO)	Regelsatz in Euro (€), Fahrverbot in Monaten	Punkte	Probe-FE schwerwiegend = s
138.1	–	mit Gefährdung	§ 41 Absatz 1 i.V.m. Anlage 2 lfd. Nr. 5, 6, 7, 10 (Zeichen 209, 211, 214, 222) Spalte 3 Satz 1 § 1 Absatz 2 § 49 Absatz 1 Nummer 1, Absatz 3 Nummer 4	15 €		
138.2	–	mit Sachbeschädigung		25 €		
139	Die durch Zeichen 215 (Kreisverkehr) oder Zeichen 220 (Einbahnstraße) vorgeschriebene Fahrtrichtung nicht befolgt		§ 41 Absatz 1 i.V.m. Anlage 2 lfd. Nr. 8 (Zeichen 215) Spalte 3 Nummer 1, lfd. Nummer 9 (Zeichen 220) Spalte 3 Satz 1 § 49 Absatz 3 Nummer 4			
139.1	als Kfz-Führer			25 €		
139.2	als Radfahrer			20 €		
139.2.1	–	mit Behinderung	§ 41 Absatz 1 i.V.m. Anlage 2 lfd. Nr. 8 (Zeichen 215) Spalte 3 Nummer 1, lfd. Nr. 9 (Zeichen 220) Spalte 3 Satz 1 § 1 Absatz 2 § 49 Absatz 1 Nummer 1, Absatz 3 Nummer 4	25 €		
139.2.2	–	mit Gefährdung		30 €		
139.2.3	–	mit Sachbeschädigung		35 €		

Lfd. Nr.	Tatbestand	Straßenverkehrs-Ordnung (StVO)	Regelsatz in Euro (€), Fahrverbot in Monaten	Punkte	Probe-FE schwer-wiegend = s
139a	Beim berechtigten Überfahren der Mittelinsel eines Kreisverkehrs einen anderen Verkehrsteilnehmer gefährdet	§ 41 Absatz 1 i.V.m. Anlage 2 lfd. Nr. 8 (Zeichen 215) Spalte 3 Nummer 2 § 49 Absatz 3 Nummer 4	35 €		
140	Vorschriftswidrig einen Radweg (Zeichen 237) oder einen sonstigen Sonderweg (Zeichen 238, 240, 241) benutzt oder mit einem Fahrzeug eine Fahrradstraße (Zeichen 244.1) vorschriftswidrig benutzt	§ 41 Absatz 1 i.V.m. Anlage 2 lfd. Nr. 16, 17, 19, 20 (Zeichen 237, 238, 240, 241) Spalte 3 Nummer 2, lfd. Nr. 23 (Zeichen 244.1) Spalte 3 Nummer 1 § 49 Absatz 3 Nummer 4	15 €		
140.1	– mit Behinderung	§ 41 Absatz 1 i.V.m. Anlage 2 lfd. Nr. 16, 17, 19, 20 (Zeichen 237, 238, 240, 241) Spalte 3 Nummer 2, lfd. Nr. 23 (Zeichen 244.1) Spalte 3 Nummer1 § 1 Absatz 2 § 49 Absatz 1 Nummer 1, Absatz 3 Nummer 4	20 €		
140.2	– mit Gefährdung		25 €		
140.3	– mit Sachbeschädigung		30 €		
141	Vorschriftswidrig Fußgängerbereich (Zeichen 239, 242.1, 242.2) benutzt oder ein Verkehrsverbot (Zeichen 250, 251, 253, 254, 255, 260) nicht beachtet	§ 41 Absatz 1 i.V.m. Anlage 2 lfd. Nr. 18 (Zeichen 239) Spalte 3 Nummer 1, lfd. Nr. 21 (Zeichen 242.1) Spalte 3 Nummer 1,			

Lfd. Nr.	Tatbestand	Straßenverkehrs-Ordnung (StVO)	Regelsatz in Euro (€), Fahrverbot in Monaten	Punkte	Probe-FE schwerwiegend = s
		lfd. Nr. 26 Spalte 3 Satz 1 i.V.m. lfd. Nr. 28, 29, 30, 31, 32, 34 (Zeichen 250, 251, 253, 254, 255, 260) Spalte 3 § 49 Absatz 3 Nummer 4			
141.1	mit Kraftfahrzeugen über 3,5 t zulässiger Gesamtmasse, ausgenommen Personenkraftwagen und Kraftomnibusse		75 €		
141.2	mit den übrigen Kraftfahrzeugen der in § 3 Absatz 3 Nummer 2 Buchstabe a oder b StVO genannten Art		25€		
141.3	mit anderen als in den Nummern 141.1 und 141.2 genannten Kraftfahrzeugen		20 €		
141.4	als Radfahrer		15 €		
141.4.1	– mit Behinderung	§ 41 Absatz 1 i.V.m. Anlage 2 lfd. Nr. 18 (Zeichen 239) Spalte 3 Nummer 1, lfd. Nr. 21 (Zeichen 242.1) Spalte 3 Nummer 1, lfd. Nr. 26 Spalte 3 Satz 1 i.V.m. lfd. Nr. 28, 31 (Zeichen 250, 254) § 1 Absatz 2 § 49 Absatz 1 Nummer 1, Absatz 3 Nummer 4	20 €		
141.4.2	– mit Gefährdung		25 €		
141.4.3	– mit Sachbeschädigung		30 €		
142	Verkehrsverbot (Zeichen 262 bis 266) nicht beachtet	§ 41 Absatz 1 i.V.m. Anlage 2	20 €		

Lfd. Nr.	Tatbestand	Straßenverkehrs-Ordnung (StVO)	Regelsatz in Euro (€), Fahrverbot in Monaten	Punkte	Probe-FE schwerwiegend = s
		lfd. Nr. 36 bis 40 (Zeichen 262 bis 266) Spalte 3 § 49 Absatz 3 Nummer 4			
142a	Verbot des Einfahrens (Zeichen 267) nicht beachtet	§ 41 Absatz 1 i.V.m. Anlage 2 lfd. Nr. 41 (Zeichen 267) Spalte 3 § 49 Absatz 3 Nummer 4	25 €		
143	Beim Radfahren Verbot des Einfahrens (Zeichen 267) nicht beachtet	§ 41 Absatz 1 i.V.m. Anlage 2 lfd. Nr. 41 (Zeichen 267) Spalte 3 § 49 Absatz 3 Nummer 4	20 €		
143.1	– mit Behinderung	§ 41 Absatz 1 i.V.m. Anlage 2 lfd. Nr. 41 (Zeichen 267) Spalte 3 § 1 Absatz 2 § 49 Absatz 1 Nummer 1, Absatz 3 Nummer 4	25 €		
143.2	– mit Gefährdung		30 €		
143.3	– mit Sachbeschädigung		35 €		
144	In einem Fußgängerbereich, der durch Zeichen 239, 242.1 oder 250 gesperrt war, geparkt (§ 12 Absatz 2 StVO)	§ 41 Absatz 1 i.V.m. Anlage 2 lfd. Nr. 18, 21 (Zeichen 239, 242.1) Spalte 3 Nummer 1, lfd. Nr. 26 Spalte 3 Satz 1 i.V.m. lfd. Nr. 28 (Zeichen 250) § 49 Absatz 3 Nummer 4	30 €		

Lfd. Nr.	Tatbestand	Straßenverkehrs-Ordnung (StVO)	Regelsatz in Euro (€), Fahrverbot in Monaten	Punkte	Probe-FE schwerwiegend = s
144.1	– mit Behinderung	§ 41 Absatz 1 i.V.m. Anlage 2 lfd. Nr. 18, 21 (Zeichen 239, 242.1) Spalte 3 Nummer 1, lfd. Nr. 26 Spalte 3 Satz 1 i.V.m. lfd. Nr. 28 (Zeichen 250) § 1 Absatz 2 § 49 Absatz 1 Nummer 1, Absatz 3 Nummer 4	35 €		
144.2	länger als 3 Stunden	§ 41 Absatz 1 i.V.m. Anlage 2 lfd. Nr. 18, 21 (Zeichen 239, 242.1) Spalte 3 Nr. 1, lfd. Nr. 26 Spalte 3 Satz 1 i.V.m. lfd. Nummer 28 (Zeichen 250) § 49 Absatz 3 Nummer 4	35 €		
(145 bis 145.3)	(aufgehoben)				
146	Bei zugelassenem Fahrzeugverkehr auf einem Gehweg (Zeichen 239) oder in einem Fußgängerbereich (Zeichen 242.1, 242.2) nicht mit Schrittgeschwindigkeit gefahren (soweit nicht von Nummer 11 erfasst)	§ 41 Absatz 1 i.V.m. Anlage 2 lfd. Nr. 18 (Zeichen 239) Spalte 3 Nummer 2 Satz 3 Halbsatz 2, lfd. Nr. 21 (Zeichen 242.1) Spalte 3 Nummer 2 § 49 Absatz 3 Nummer 4	15 €		

Lfd. Nr.	Tatbestand	Straßenverkehrs-Ordnung (StVO)	Regelsatz in Euro (€), Fahrverbot in Monaten	Punkte	Probe-FE schwerwiegend = s
146a	Bei zugelassenem Fahrzeugverkehr auf einem Radweg (Zeichen 237), einem gemeinsamen Geh- und Radweg (Zeichen 240) oder einem getrennten Rad- und Gehweg (Zeichen 241) die Geschwindigkeit nicht angepasst (soweit nicht von Nummer 11 erfasst)	§ 41 Absatz 1 i.V.m. Anlage 2 lfd. Nr. 16 (Zeichen 237) Spalte 3 Nummer 3, lfd. Nr. 19 (Zeichen 240) Spalte 3 Nummer 3 Satz 2, lfd. Nr. 20 (Zeichen 241) Spalte 3 Nummer 4 Satz 2 § 49 Absatz 3 Nummer 4	15 €		
147	Unberechtigt mit einem Fahrzeug einen Bussonderfahrstreifen (Zeichen 245) benutzt	§ 41 Absatz 1 i.V.m. Anlage 2 lfd. Nr. 25 (Zeichen 245) Spalte 3 Nummer 1 und 2 § 49 Absatz 3 Nummer 4	15 €		
147.1	– mit Behinderung	§ 41 Absatz 1 i.V.m. Anlage 2 lfd. Nr. 25 (Zeichen 245) Spalte 3 Nummer 1 und 2 § 1 Absatz 2 § 49 Absatz 1 Nummer 1, Absatz 3 Nummer 4	35 €		
148	Wendeverbot (Zeichen 272) nicht beachtet	§ 41 Absatz 1 i.V.m. Anlage 2 lfd. Nr. 47 (Zeichen 272) Spalte 3 § 49 Absatz 3 Nummer 4	20 €		
149	Vorgeschriebenen Mindestabstand (Zeichen 273) zu einem vorausfahrenden Fahrzeug unterschritten	§ 41 Absatz 1 i.V.m. Anlage 2 lfd. Nr. 48 (Zeichen 273) Spalte 3 Satz 1 § 49 Absatz 3 Nummer 4	25 €		

BKat

Lfd. Nr.	Tatbestand	Straßenverkehrs-Ordnung (StVO)	Regelsatz in Euro (€), Fahrverbot in Monaten	Punkte	Probe-FE schwerwiegend = s
150	Zeichen 206 (Halt. Vorfahrt gewähren.) nicht befolgt oder trotz Rotlicht nicht an der Haltlinie (Zeichen 294) gehalten und dadurch einen anderen gefährdet	§ 41 Absatz 1 i.V.m. Anlage 2 lfd. Nr. 3 (Zeichen 206) Spalte 3 Nummer 1, lfd. Nr. 67 (Zeichen 294) Spalte 3 § 1 Absatz 2 § 49 Absatz 1 Nummer 1, Absatz 3 Nummer 4	70 €	1	s
151	Beim Führen eines Fahrzeugs in einem Fußgängerbereich (Zeichen 239, 242.1, 242.2) einen Fußgänger gefährdet				
151.1	bei zugelassenem Fahrzeugverkehr (Zeichen 239, 242.1 mit Zusatzzeichen)	§ 41 Absatz 1 i.V.m. Anlage 2 lfd. Nr. 18, 21 (Zeichen 239, 242.1 mit Zusatzzeichen) Spalte 3 Nummer 2 § 1 Absatz 2 § 49 Absatz 3 Nummer 1, 4	60 €	1	
151.2	bei nicht zugelassenem Fahrzeugverkehr		70 €	1	
152	Eine für kennzeichnungspflichtige Kraftfahrzeuge mit gefährlichen Gütern (Zeichen 261) oder für Kraftfahrzeuge mit wassergefährdender Ladung (Zeichen 269) gesperrte Straße befahren	§ 41 Absatz 1 i.V.m. Anlage 2 lfd. Nr. 35, 43 (Zeichen 261, 269) Spalte 3 § 49 Absatz 3 Nummer 4	100 €	1	
152.1	bei Eintragung von bereits einer Entscheidung wegen Verstoßes gegen Zeichen 261 oder 269 im Fahreignungsregister		250 € Fahrverbot 1 Monat	1	
153	Mit einem Kraftfahrzeug trotz Verkehrsverbotes zur Verminderung schädlicher Luftverunreinigungen (Zeichen 270.1, 270.2) am Verkehr teilgenommen	§ 41 Absatz 1 i.V.m. Anlage 2 lfd. Nr. 44, 45 (Zeichen 270.1, 270.2) Spalte 3 § 49 Absatz 3 Nummer 4	80 €		

Lfd. Nr.	Tatbestand	Straßenverkehrs-Ordnung (StVO)	Regelsatz in Euro (€), Fahrverbot in Monaten	Punkte	Probe-FE schwer-wiegend = s
153a	Überholt unter Nichtbeachten von Verkehrszeichen (Zeichen 276, 277)	§ 41 Absatz 1 i.V.m. Anlage 2 zu lfd. Nr. 44, 45 (Zeichen 270.1, 270.2) Spalte 3 § 49 Absatz 3 Nummer 4	70 €		
154	An der Haltlinie (Zeichen 294) nicht gehalten	§ 41 Absatz 1 i.V.m. Anlage 2 lfd. Nr. 67 (Zeichen 294) Spalte 3 § 49 Absatz 3 Nummer 4	10 €		
155	Fahrstreifenbegrenzung (Zeichen 295, 296) überfahren oder durch Pfeile vorgeschriebener Fahrtrichtung (Zeichen 297) nicht gefolgt oder Sperrfläche (Zeichen 298) benutzt (außer Parken)	§ 41 Absatz 1 i.V.m. Anlage 2 lfd. Nr. 68 (Zeichen 295) Spalte 3 Nummer 1a, lfd. Nr. 69 (Zeichen 296) Spalte 3 Nummer 1, lfd. Nr. 70 (Zeichen 297) Spalte 3 Nummer 1, lfd. Nr. 72 (Zeichen 298) Spalte 3 § 49 Absatz 3 Nummer 4	10 €		
155.1	– mit Sachbeschädigung	§ 41 Absatz 1 i.V.m. Anlage 2 lfd. Nr. 68 (Zeichen 295) Spalte 3 Nummer 1a, lfd. Nr. 69 (Zeichen 296) Spalte 3 Nummer 1, lfd. Nr. 70 (Zeichen 297) Spalte 3 Nummer 1, lfd. Nr. 72 (Zeichen 298) Spalte 3 § 1 Absatz 2	35 €		

BKat

Lfd. Nr.	Tatbestand	Straßenverkehrs-Ordnung (StVO)	Regelsatz in Euro (€), Fahrverbot in Monaten	Punkte	Probe-FE schwerwiegend = s
155.2	und dabei überholt	§ 49 Absatz 1 Nummer 1, Absatz 3 Nummer 4 § 41 Absatz 1 i.V.m. Anlage 2 lfd. Nr. 68 (Zeichen 295) Spalte 3 Nummer 1a, lfd. Nr. 69 (Zeichen 296) Spalte 3 Nummer 1, lfd. Nr. 70 (Zeichen 297) Spalte 3 Nummer 1, lfd. Nr. 72 (Zeichen 298) Spalte 3 § 49 Absatz 3 Nummer 4	30 €		
155.3	und dabei nach links abgebogen oder gewendet	§ 41 Absatz 1 i.V.m. Anlage 2 lfd. Nr. 68 (Zeichen 295) Spalte 3 Nummer 1a, lfd. Nr. 69 (Zeichen 296) Spalte 3 Nummer 1, lfd. Nr. 70 (Zeichen 297) Spalte 3 Nummer 1, lfd. Nr. 72 (Zeichen 298) Spalte 3 § 49 Absatz 3 Nummer 4	30 €		
155.3.1	– mit Gefährdung	§ 41 Absatz 1 i.V.m. Anlage 2 lfd. Nr. 68 (Zeichen 295) Spalte 3 Nummer 1a, lfd. Nr. 69 (Zeichen 296) Spalte 3 Nummer 1,	35 €		

Lfd. Nr.	Tatbestand	Straßenverkehrs-Ordnung (StVO)	Regelsatz in Euro (€), Fahrverbot in Monaten	Punkte	Probe-FE schwer-wiegend = s
156	Sperrfläche (Zeichen 298) zum Parken benutzt	lfd. Nr. 70 (Zeichen 297) Spalte 3 Nummer 1, lfd. Nr. 72 (Zeichen 298) Spalte 3 § 1 Absatz 2 § 49 Absatz 1 Nummer 1, Absatz 3 Nummer 4 § 41 Absatz 1 i.V.m. Anlage 2 lfd. Nr. 72 (Zeichen 298) Spalte 3 § 49 Absatz 3 Nummer 4	25 €		
	Richtzeichen				
157	Beim Führen eines Fahrzeugs in einem verkehrsberuhigten Bereich (Zeichen 325.1, 325.2)				
157.1	– Schrittgeschwindigkeit nicht eingehalten (soweit nicht von Nummer 11 erfasst)	§ 42 Absatz 2 i.V.m. Anlage 3 lfd. Nr. 12 (Zeichen 325.1) Spalte 3 Nummer 1 § 49 Absatz 3 Nummer 5	15 €		
157.2	– Fußgängerverkehr behindert	§ 42 Absatz 2 i.V.m. Anlage 3 lfd. Nr. 12 (Zeichen 325.1) Spalte 3 Nummer 2 § 49 Absatz 3 Nummer 5	15 €		
157.3	– Fußgängerverkehr gefährdet		60 €	1	
(158)	(aufgehoben)				
159	In einem verkehrsberuhigten Bereich (Zeichen 325.1, 325.2) außerhalb der zum Parken gekennzeichneten Flächen geparkt (§ 12 Absatz 2 StVO)	§ 42 Absatz 2 i.V.m. Anlage 3 lfd. Nr. 12 (Zeichen 325.1) Spalte 3 Nummer 4 § 49 Absatz 3 Nummer 5	10 €		

Lfd. Nr.	Tatbestand	Straßenverkehrs-Ordnung (StVO)	Regelsatz in Euro (€), Fahrverbot in Monaten	Punkte	Probe-FE schwer-wiegend = s
159.1	– mit Behinderung	§ 42 Absatz 2 i.V.m. Anlage 3 lfd. Nr. 12 (Zeichen 325.1) Spalte 3 Nummer 4 § 1 Absatz 2 § 49 Absatz 1 Nummer 1, Absatz 3 Nummer 5	15 €		
159.2	länger als 3 Stunden	§ 42 Absatz 2 i.V.m. Anlage 3 lfd. Nr. 12 (Zeichen 325.1) Spalte 3 Nummer 4 § 49 Absatz 3 Nummer 5	20 €		
159.2.1	– mit Behinderung	§ 42 Absatz 2 i.V.m. Anlage 3 lfd. Nr. 12 (Zeichen 325.1) Spalte 3 Nummer 4 § 1 Absatz 2 § 49 Absatz 1 Nummer 1, Absatz 3 Nummer 5	30 €		
159a	In einem Tunnel (Zeichen 327) Abblendlicht nicht benutzt	§ 42 Absatz 2 i.V.m. Anlage 3 lfd. Nr. 14 (Zeichen 327) Spalte 3 Nummer 1 § 49 Absatz 3 Nummer 5	10 €		
159a.1	– mit Gefährdung	§ 42 Absatz 2 i.V.m. Anlage 3 lfd. Nr. 14 (Zeichen 327) Spalte 3 Nummer 1 § 1 Absatz 2 § 49 Absatz 1 Nummer 1 Absatz 3 Nummer 5	15 €		

Lfd. Nr.	Tatbestand	Straßenverkehrs-Ordnung (StVO)	Regelsatz in Euro (€), Fahrverbot in Monaten	Punkte	Probe-FE schwerwiegend = s
159a.2	– mit Sachbeschädigung		35 €		
159b	In einem Tunnel (Zeichen 327) gewendet	§ 42 Absatz 2 i.V.m. Anlage 3 lfd. Nr. 14 (Zeichen 327) Spalte 3 Nummer 1 § 49 Absatz 3 Nummer 5	60 €	1	
159c	In einer Nothalte- und Pannenbucht (Zeichen 328) unberechtigt	§ 42 Absatz 2 i.V.m. Anlage 3 lfd. Nr. 15 (Zeichen 328) Spalte 3 § 49 Absatz 3 Nummer 5			
159c.1	– gehalten		20 €		
159c.2	– geparkt		25 €		
(160 bis 162)	(aufgehoben)				
	Verkehrseinrichtungen				
163	Durch Verkehrseinrichtungen abgesperrte Straßenfläche befahren	§ 43 Absatz 3 Satz 2 i.V.m. Anlage 4 lfd. Nr. 1 bis 7 (Zeichen 600, 605, 628, 629, 610, 615, 616) Spalte 3 § 49 Absatz 3 Nummer 6	5 €		
	Andere verkehrsrechtliche Anordnungen				
164	Einer den Verkehr verbietenden oder beschränkenden Anordnung, die öffentlich bekannt gemacht wurde, zuwidergehandelt	§ 45 Absatz 4 Halbsatz 2 § 49 Absatz 3 Nummer 7	60 €	1	
165	Mit Arbeiten begonnen, ohne zuvor Anordnungen eingeholt zu haben, diese Anordnungen nicht befolgt oder Lichtzeichenanlagen nicht bedient	§ 45 Absatz 6 § 49 Absatz 4 Nummer 3	75 €	1	

BKat

Lfd. Nr.	Tatbestand	Straßenverkehrs-Ordnung (StVO)	Regelsatz in Euro (€), Fahrverbot in Monaten	Punkte	Probe-FE schwerwiegend = s
	Ausnahmegenehmigung und Erlaubnis				
166	Vollziehbare Auflage einer Ausnahmegenehmigung oder Erlaubnis nicht befolgt	§ 46 Absatz 3 Satz 1 § 49 Absatz 4 Nummer 4	60 €	1	
167	Genehmigungs- oder Erlaubnisbescheid nicht mitgeführt	§ 46 Absatz 3 Satz 3 § 49 Absatz 4 Nummer 5	10 €		

Lfd. Nr.	Tatbestand	Fahrerlaubnis-Verordnung (FeV)	Regelsatz in Euro (€), Fahrverbot in Monaten	Punkte	Probe-FE schwerwiegend = s
	b) Fahrerlaubnis-Verordnung				
	Mitführen von Führerscheinen und Bescheinigungen				
168	Führerschein oder Bescheinigung oder die Übersetzung des ausländischen Führerscheins nicht mitgeführt	§ 75 Nummer 4 i.V.m. den dort genannten Vorschriften	10 €		
168a	Führerscheinverlust nicht unverzüglich angezeigt und sich kein Ersatzdokument ausstellen lassen	§ 75 Nummer 4	10 €		
	Einschränkung der Fahrerlaubnis				
169	Einer vollziehbaren Auflage nicht nachgekommen	§ 10 Absatz 2 Satz 4 § 23 Absatz 2 Satz 1 § 28 Absatz 1 Satz 2 § 46 Absatz 2 § 74 Absatz 3 § 75 Nummer 9, 14, 15	25 €		
	Ablieferung und Vorlage des Führerscheins				
170	Einer Pflicht zur Ablieferung oder zur Vorlage eines Führerscheins nicht oder nicht rechtzeitig nachgekommen	§ 75 Nummer 10 i.V.m. den dort genannten Vorschriften	25 €		
	Fahrerlaubnis zur Fahrgastbeförderung				
171	Ohne erforderliche Fahrerlaubnis zur Fahrgastbeförderung einen oder mehrere	§ 48 Absatz 1 § 75 Nummer 12	75 €	1	s

BKat

Lfd. Nr.	Tatbestand	Fahrerlaubnis-Verordnung (FeV)	Regelsatz in Euro (€), Fahrverbot in Monaten	Punkte	Probe-FE schwer-wiegend = s
172	Fahrgäste in einem in § 48 Absatz 1 FeV genannten Fahrzeug befördert Als Halter die Fahrgastbeförderung in einem in § 48 Absatz 1 FeV genannten Fahrzeug angeordnet oder zugelassen, obwohl der Fahrzeugführer die erforderliche Fahrerlaubnis zur Fahrgastbeförderung nicht besaß	§ 48 Absatz 8 § 75 Nummer 12	75 €	1	s
	Ortskenntnisse bei Fahrgastbeförderung				
173	Als Halter die Fahrgastbeförderung in einem in § 48 Absatz 1 i.V.m. § 48 Absatz 4 Nummer 7 FeV genannten Fahrzeug angeordnet oder zugelassen, obwohl der Fahrzeugführer die erforderlichen Ortskenntnisse nicht nachgewiesen hat	§ 48 Absatz 8 § 75 Nummer 12	35 €		

Lfd. Nr.	Tatbestand	Fahrzeug-Zulassungs-verordnung (FZV)	Regelsatz in Euro (€), Fahrverbot in Monaten	Punkte	Probe-FE schwer-wiegend = s
	c) Fahrzeug-Zulassungsverordnung				
	Mitführen von Fahrzeugpapieren				
174	die Zulassungsbescheinigung Teil I oder sonstige Bescheinigung nicht mitgeführt	§ 4 Absatz 5 Satz 1 § 11 Absatz 5 § 26 Absatz 1 Satz 6 § 48 Nummer 5	10 €		
	Zulassung				
175	Kraftfahrzeug oder Kraftfahrzeuganhänger ohne die erforderliche EG-Typgenehmigung, Einzelgenehmigung oder Zulassung auf einer öffentlichen Straße in Betrieb gesetzt	§ 3 Absatz 1 Satz 1 § 4 Absatz 1 § 48 Nummer 1	70 €	1	s
175a	Kraftfahrzeug oder Kraftfahrzeuganhänger außerhalb des auf dem Saisonkennzeichen angegebenen Betriebszeitraums oder nach dem auf dem Kurzzeitkennzeichen oder nach dem auf dem Ausfuhrkennzeichen angegebenen Ablaufdatum oder Fahrzeug mit Wechselkennzeichen	§ 8 Absatz 1a Satz 6 § 9 Absatz 3 Satz 5 § 16 Absatz 2 Satz 8 § 19 Absatz 1 Nummer 4 Satz 3 § 48 Nummer 1	50 €		

BKat

Lfd. Nr.	Tatbestand	Fahrzeug-Zulassungsverordnung (FZV)	Regelsatz in Euro (€), Fahrverbot in Monaten	Punkte	Probe-FE schwerwiegend = s
	ohne oder mit unvollständigem Wechselkennzeichen auf einer öffentlichen Straße in Betrieb gesetzt				
176	Das vorgeschriebene Kennzeichen an einem von der Zulassungspflicht ausgenommenen Fahrzeug nicht geführt	§ 4 Absatz 2 Satz 1, Absatz 3 Satz 1, 2 § 48 Nummer 3	40 €		
177	Fahrzeug außerhalb des auf dem Saisonkennzeichen angegebenen Betriebszeitraums oder mit Wechselkennzeichen ohne oder mit einem unvollständigem Wechselkennzeichen auf einer öffentlichen Straße abgestellt	§ 8 Absatz 1a Satz 6 § 9 Absatz 3 Satz 5 § 48 Nummer 9	40 €		
	Betriebsverbot und -beschränkungen				
(178)	(aufgehoben)				
178a	Betriebsverbot wegen Verstoßes gegen Mitteilungspflichten oder die Pflichten beim Erwerb des Fahrzeugs nicht beachtet	§ 13 Absatz 1 Satz 5, Absatz 4 Satz 1 § 48 Nummer 7, 12	40 €		
179	Ein Fahrzeug in Betrieb gesetzt, dessen Kennzeichen nicht wie vorgeschrieben ausgestaltet oder angebracht ist; ausgenommen ist das Fehlen des vorgeschriebenen Kennzeichens	§ 10 Absatz 12 i.V.m. § 10 Absatz 1, 2 Satz 2 und 3 Halbsatz 1, Absatz 6, 7, 8 Halbsatz 1, Absatz 9 Satz 1 auch i.V.m. § 16 Absatz 5 Satz 3 § 17 Absatz 2 Satz 4 § 19 Absatz 1 Nummer 3 Satz 5 § 48 Nummer 1	10 €		
179a	Fahrzeug in Betrieb genommen, obwohl das vorgeschriebene Kennzeichen fehlt	§ 10 Absatz 12 i.V.m. § 10 Absatz 5 Satz 1, Absatz 8 § 48 Nummer 1	60 €		
179b	Fahrzeug in Betrieb genommen, dessen Kennzeichen mit Glas, Folien oder ähnlichen Abdeckungen versehen ist	§ 10 Absatz 12 i.V.m. § 10 Absatz 2 Satz 1, Absatz 8 § 48 Nummer 1	65 €		

BKat

Lfd. Nr.	Tatbestand	Fahrzeug-Zulassungs-verordnung (FZV)	Regelsatz in Euro (€), Fahrverbot in Monaten	Punkte	Probe-FE schwer-wiegend = s
	Mitteilungs-, Anzeige- und Vorlagepflichten, Zurückziehen aus dem Verkehr, Verwertungsnachweis				
180	Gegen die Mitteilungspflicht bei Änderung der tatsächlichen Verhältnisse, Wohnsitz- oder Sitzänderung des Halters, Standortverlegung des Fahrzeuges, Veräußerung oder gegen die Anzeigepflicht bei Außerbetriebsetzung oder gegen die Pflicht, das Kennzeichen zur Entstempelung vorzulegen, verstoßen	§ 13 Absatz 1 Satz 1 bis 4, Absatz 3 Satz 1, 3 § 14 Absatz 1 Satz 1 § 48 Nummer 11 bis 14	15 €		
180a	Verwertungsnachweis nicht vorgelegt	§ 15 Absatz 1 Satz 1 § 48 Nummer 13	15 €		
	Prüfungs-, Probe-, Überführungsfahrten				
181	Gegen die Pflicht zur Eintragung in Fahrzeugscheine oder Fahrzeugscheinhefte verstoßen oder das rote Kennzeichen oder das Fahrzeugscheinheft nicht zurückgegeben	§ 16 Absatz 2 Satz 2, Absatz 3 Satz 3, 7 § 48 Nummer 15, 18	10 €		
181a	Kurzzeitkennzeichen für andere als Prüfungs-, Probe- oder Überführungsfahrten verwendet	§ 16 Absatz 2 Satz 3 Nummer 1 § 48 Nummer 15a	50 €		
181b	Kurzzeitkennzeichen einer anderen Person zur Nutzung an einem anderen Fahrzeug überlassen	§ 16 Absatz 2 Satz 3 Nummer 2 § 48 Nummer 15b	50 €		
182	Kurzzeitkennzeichen an nicht nur einem Fahrzeug verwendet	§ 16 Absatz 2 Satz 7 § 48 Nummer 16	50 €		
183	Gegen die Pflicht zum Fertigen, Aufbewahren oder Aushändigen von Aufzeichnungen über Prüfungs-, Probe- oder Überführungsfahrten verstoßen	§ 16 Absatz 3 Satz 5, 6 § 48 Nummer 6, 17	25 €		
	Versicherungskennzeichen				
184	Fahrzeug in Betrieb genommen, dessen Versicherungskennzeichen nicht wie vorgeschrieben ausgestaltet ist	§ 27 Absatz 7 § 48 Nummer 1	10 €		
	Ausländische Kraftfahrzeuge				
185	Zulassungsbescheinigung oder die Übersetzung des ausländischen Zulassungsscheins nicht mitgeführt oder nicht ausgehändigt	§ 20 Absatz 5 § 48 Nummer 5	10 €		

Lfd. Nr.	Tatbestand	Fahrzeug-Zulassungs-verordnung (FZV)	Regelsatz in Euro (€), Fahrverbot in Monaten	Punkte	Probe-FE schwer-wiegend = s
185a	An einem ausländischen Kraftfahrzeug oder ausländischen Kraftfahrzeuganhänger das heimische Kennzeichen oder das Unterscheidungszeichen unter Verstoß gegen eine Vorschrift über deren Anbringung geführt	§ 21 Absatz 1 Satz 1 Halbsatz 2, Absatz 2 Satz 1 Halbsatz 2 § 48 Nummer 19	10 €		
185b	An einem ausländischen Kraftfahrzeug oder ausländischen Kraftfahrzeuganhänger das vorgeschriebene heimische Kennzeichen nicht geführt	§ 21 Absatz 1 Satz 1 Halbsatz 1 § 48 Nummer 19	40 €		
185c	An einem ausländischen Kraftfahrzeug oder ausländischen Kraftfahrzeuganhänger das Unterscheidungszeichen nicht geführt	§ 21 Absatz 2 Satz 1 Halbsatz 1 § 48 Nummer 19	15 €		

Lfd. Nr.	Tatbestand	Straßenverkehrs-Zulassungs-Ordnung (StVZO)	Regelsatz in Euro (€), Fahrverbot in Monaten	Punkte	Probe-FE schwer-wiegend = s
d) Straßenverkehrs-Zulassungs-Ordnung					
Untersuchung der Kraftfahrzeuge und Anhänger					
186	Als Halter Fahrzeug zur Hauptuntersuchung oder zur Sicherheitsprüfung nicht vorgeführt	§ 29 Absatz 1 Satz 1 i.V.m. Nummer 2.1, 2.2, 2.6, 2.7 Satz 2, 3, Nummer 3.1.1, 3.1.2, 3.2.2 der Anlage VIII § 69a Absatz 2 Nummer 14			
186.1	bei Fahrzeugen, die nach Nummer 2.1 der Anlage VIII zu § 29 StVZO in bestimmten Zeitabständen einer Sicherheitsprüfung zu unterziehen sind, wenn der Vorführtermin überschritten worden ist um				
186.1.1	bis zu 2 Monate		15 €		
186.1.2	mehr als 2 bis zu 4 Monate		25 €		
186.1.3	mehr als 4 bis zu 8 Monate		**60 €**	1	
186.1.4	mehr als 8 Monate		**75 €**	1	

Lfd. Nr.	Tatbestand	Straßenverkehrs-Zulassungs-Ordnung (StVZO)	Regelsatz in Euro (€), Fahrverbot in Monaten	Punkte	Probe-FE schwer-wiegend = s
186.2	bei anderen als in Nummer 186.1 genannten Fahrzeugen, wenn der Vorführtermin überschritten worden ist um				
186.2.1	mehr als 2 bis zu 4 Monate		15 €		
186.2.2	mehr als 4 bis zu 8 Monate		25 €		
186.2.3	mehr als 8 Monate		60 €	1	
187	Fahrzeug zur Nachprüfung der Mängelbeseitigung nicht rechtzeitig vorgeführt	§ 29 Absatz 1 Satz 1 i.V.m. Nummer 3.1.4.3 Satz 2 Halbsatz 2 der Anlage VIII § 69a Absatz 2 Nummer 18	15 €		
187a	Betriebsverbot oder -beschränkung wegen Fehlens einer gültigen Prüfplakette oder Prüfmarke in Verbindung mit einem SP-Schild nicht beachtet	§ 29 Absatz 7 Satz 5 § 69a Absatz 2 Nummer 15	60 €	1	
	Vorstehende Außenkanten				
188	Fahrzeug oder Fahrzeugkombination in Betrieb genommen, obwohl Teile, die den Verkehr mehr als unvermeidbar gefährdeten, an dessen Umriss hervorragten	§ 30c Absatz 1 § 69a Absatz 3 Nummer 1a	20 €		
	Verantwortung für den Betrieb der Fahrzeuge				
189	Als Halter die Inbetriebnahme eines Fahrzeugs oder Zuges angeordnet oder zugelassen, obwohl	§ 31 Absatz 2 § 69a Absatz 5 Nummer 3			
189.1	der Führer zur selbstständigen Leitung nicht geeignet war				
189.1.1	bei Lastkraftwagen oder Kraftomnibussen		180 €	1	
189.1.2	bei anderen als in Nummer 189.1.1 genannten Fahrzeugen		90 €	1	
189.2	das Fahrzeug oder der Zug nicht vorschriftsmäßig war und dadurch die Verkehrssicherheit wesentlich beeinträchtigt war,	§ 31 Absatz 2 § 69a Absatz 5 Nummer 3			

Lfd. Nr.	Tatbestand	Straßenverkehrs-Zulassungs-Ordnung (StVZO)	Regelsatz in Euro (€), Fahrverbot in Monaten	Punkte	Probe-FE schwerwiegend = s
	insbesondere unter Verstoß gegen eine Vorschrift über Lenkeinrichtungen, Bremsen, Einrichtungen zur Verbindung von Fahrzeugen	§ 31 Absatz 2, jeweils i.V.m. § 38 § 41 Absatz 1 bis 12, 15 bis 17 § 43 Absatz 1 Satz 1 bis 3, Absatz 4 Satz 1, 3 § 69a Absatz 5 Nummer 3			
189.2.1	bei Lastkraftwagen oder Kraftomnibussen bzw. ihre Anhänger		270 €	1	
189.2.2	bei anderen als in Nummer 189.2.1 genannten Kraftfahrzeugen		135 €	1	
189.3	die Verkehrssicherheit des Fahrzeugs oder des Zuges durch die Ladung oder die Besetzung wesentlich litt	§ 31 Absatz 2 § 69a Absatz 5 Nummer 3			
189.3.1	bei Lastkraftwagen oder Kraftomnibussen bzw. ihre Anhänger		270 €	1	
189.3.2	bei anderen als in Nummer 189.3.1 genannten Fahrzeugen		135 €	1	
189a	Als Halter die Inbetriebnahme eines Fahrzeugs angeordnet oder zugelassen, obwohl die Betriebserlaubnis erloschen war und dadurch die Verkehrssicherheit wesentlich beeinträchtigt	§ 19 Absatz 5 Satz 1 § 69a Absatz 2 Nummer 1a			
189a.1	– bei Lastkraftwagen oder Kraftomnibussen		270 €	1	
189a.2	– bei anderen als in Nummer 189a.1 genannten Fahrzeugen		135 €	1	
189b	Als Halter die Inbetriebnahme eines Fahrzeugs angeordnet oder zugelassen, obwohl die Betriebserlaubnis erloschen war und dadurch die Umwelt wesentlich beeinträchtigt				
189b.1	– bei Lastkraftwagen oder Kraftomnibussen		270 €		
189b.2	– bei anderen als in Nummer 189b.1 genannten Fahrzeugen		135 €		

BKat

Lfd. Nr.	Tatbestand	Straßenverkehrs-Zulassungs-Ordnung (StVZO)	Regelsatz in Euro (€), Fahrverbot in Monaten	Punkte	Probe-FE schwerwiegend = s
	Führung eines Fahrtenbuches				
190	Fahrtenbuch nicht ordnungsgemäß geführt, auf Verlangen nicht ausgehändigt oder nicht für die vorgeschriebene Dauer aufbewahrt	§ 31a Absatz 2, 3 § 69a Absatz 5 Nummer 4, 4a	100 €		
	Überprüfung mitzuführender Gegenstände				
191	Mitzuführende Gegenstände auf Verlangen nicht vorgezeigt oder zur Prüfung nicht ausgehändigt	§ 31b § 69a Absatz 5 Nummer 4b	5 €		
	Abmessungen von Fahrzeugen und Fahrzeugkombinationen				
192	Kraftfahrzeug, Anhänger oder Fahrzeugkombination in Betrieb genommen, obwohl die höchstzulässige Breite, Höhe oder Länge überschritten war	§ 32 Absatz 1 bis 4, 9 § 69a Absatz 3 Nummer 2	60 €	1	
193	Als Halter die Inbetriebnahme eines Kraftfahrzeugs, Anhängers oder einer Fahrzeugkombination angeordnet oder zugelassen, obwohl die höchstzulässige Breite, Höhe oder Länge überschritten war	§ 31 Absatz 2 i.V.m. § 32 Absatz 1 bis 4, 9 § 69a Absatz 5 Nummer 3	75 €	1	
	Unterfahrschutz				
194	Kraftfahrzeug, Anhänger oder Fahrzeug mit austauschbarem Ladungsträger ohne vorgeschriebenen Unterfahrschutz in Betrieb genommen	§ 32b Absatz 1, 2, 4 § 69a Absatz 3 Nummer 3a	25 €		
	Kurvenlaufeigenschaften				
195	Kraftfahrzeug oder Fahrzeugkombination in Betrieb genommen, obwohl die vorgeschriebenen Kurvenlaufeigenschaften nicht eingehalten waren	§ 32d Absatz 1, 2 Satz 1 § 69a Absatz 3 Nummer 3c	60 €	1	
196	Als Halter die Inbetriebnahme eines Kraftfahrzeugs oder einer Fahrzeugkombination angeordnet oder zugelassen, obwohl die vorgeschriebenen Kurvenlaufeigenschaften nicht eingehalten waren	§ 31 Absatz 2 i.V.m. § 32d Absatz 1, 2 Satz 1 § 69a Absatz 5 Nummer 3	75 €	1	

Lfd. Nr.	Tatbestand	Straßenverkehrs-Zulassungs-Ordnung (StVZO)	Regelsatz in Euro (€), Fahrverbot in Monaten	Punkte	Probe-FE schwer-wiegend = s
Schleppen von Fahrzeugen					
197	Fahrzeug unter Verstoß gegen die Vorschrift über das Schleppen von Fahrzeugen in Betrieb genommen	§ 33 Absatz 1 Satz 1, Absatz 2 Nummer 1, 6 § 69a Absatz 3 Nummer 3	25 €		
Achslast, Gesamtgewicht, Anhängelast hinter Kraftfahrzeugen					
198	Kraftfahrzeug, Anhänger oder Fahrzeugkombination in Betrieb genommen, obwohl die zulässige Achslast, das zulässige Gesamtgewicht oder die zulässige Anhängelast hinter einem Kraftfahrzeug überschritten war	§ 34 Absatz 3 Satz 3 § 31d Absatz 1 § 42 Absatz 1, 2 Satz 2 § 69a Absatz 3 Nummer 4			
198.1	bei Kraftfahrzeugen mit einem zulässigen Gesamtgewicht über 7,5 t oder Kraftfahrzeugen mit Anhängern, deren zulässiges Gesamtgewicht 2 t übersteigt		Tabelle 3 Buchstabe a		
198.2	bei anderen Kraftfahrzeugen bis 7,5 t zulässiges Gesamtgewicht		Tabelle 3 Buchstabe b		
199	Als Halter die Inbetriebnahme eines Kraftfahrzeugs, eines Anhängers oder einer Fahrzeugkombination angeordnet oder zugelassen, obwohl die zulässige Achslast, das zulässige Gesamtgewicht oder die zulässige Anhängelast hinter einem Kraftfahrzeug überschritten war	§ 31 Absatz 2 i.V.m. § 34 Absatz 3 Satz 3 § 42 Absatz 1, 2 Satz 2 § 31d Absatz 1 § 69a Absatz 5 Nummer 3			
199.1	bei Kraftfahrzeugen mit einem zulässigen Gesamtgewicht über 7,5 t oder Kraftfahrzeugen mit Anhängern, deren zulässiges Gesamtgewicht 2 t übersteigt		Tabelle 3 Buchstabe a		
199.2	bei anderen Kraftfahrzeugen bis 7,5 t zulässiges Gesamtgewicht		Tabelle 3 Buchstabe b		
(200)	(aufgehoben)				
Besetzung von Kraftomnibussen					
201	Kraftomnibus in Betrieb genommen und dabei mehr Personen oder Gepäck befördert als in der Zulassungsbescheinigung Teil I Sitz- und Stehplätze eingetragen sind, und die Summe der im Fahrzeug	§ 34a Absatz 1 § 69a Absatz 3 Nummer 5	60 €	1	

Lfd. Nr.	Tatbestand	Straßenverkehrs-Zulassungs-Ordnung (StVZO)	Regelsatz in Euro (€), Fahrverbot in Monaten	Punkte	Probe-FE schwerwiegend = s
	angeschriebenen Fahrgastplätze sowie die Angaben für die Höchstmasse des Gepäcks ausweisen				
202	Als Halter die Inbetriebnahme eines Kraftomnibusses angeordnet oder zugelassen, obwohl mehr Personen befördert wurden, als in der Zulassungsbescheinigung Teil I Plätze ausgewiesen waren	§ 31 Absatz 2 i.V.m. § 34a Absatz 1 § 69a Absatz 5 Nummer 3	75 €	1	
	Kindersitze				
203	Kraftfahrzeug in Betrieb genommen unter Verstoß gegen				
203.1	das Verbot der Anbringung von nach hinten gerichteten Kinderrückhalteeinrichtungen auf Beifahrerplätzen mit Airbag	§ 35a Absatz 8 Satz 1 § 69a Absatz 3 Nummer 7	25 €		
203.2	die Pflicht zur Anbringung des Warnhinweises zur Verwendung von Kinderrückhalteeinrichtungen auf Beifahrerplätzen mit Airbag	§ 35a Absatz 8 Satz 2, 4 § 69a Absatz 3 Nummer 7	5 €		
	Feuerlöscher in Kraftomnibussen				
204	Kraftomnibus unter Verstoß gegen eine Vorschrift über mitzuführende Feuerlöscher in Betrieb genommen	§ 35g Absatz 1, 2 § 69a Absatz 3 Nummer 7c	15 €		
205	Als Halter die Inbetriebnahme eines Kraftomnibusses unter Verstoß gegen eine Vorschrift über mitzuführende Feuerlöscher angeordnet oder zugelassen	§ 31 Absatz 2 i.V.m. § 35g Absatz 1, 2 § 69a Absatz 5 Nummer 3	20 €		
	Erste-Hilfe-Material in Kraftfahrzeugen				
206	Unter Verstoß gegen eine Vorschrift über mitzuführendes Erste-Hilfe-Material				
206.1	einen Kraftomnibus	§ 35h Absatz 1, 2 § 69a Absatz 3 Nummer 7c	15 €		
206.2	ein anderes Kraftfahrzeug in Betrieb genommen	§ 35h Absatz 3 § 69a Absatz 3 Nummer 7c	5 €		

BKat

Lfd. Nr.	Tatbestand	Straßenverkehrs-Zulassungs-Ordnung (StVZO)	Regelsatz in Euro (€), Fahrverbot in Monaten	Punkte	Probe-FE schwerwiegend = s
207	Als Halter die Inbetriebnahme unter Verstoß gegen eine Vorschrift über mitzuführende Erste-Hilfe-Material				
207.1	eines Kraftomnibusses	§ 31 Absatz 2 i.V.m. § 35h Absatz 1, 2 § 69a Absatz 5 Nummer 3	25 €		
207.2	eines anderen Kraftfahrzeugs	§ 31 Absatz 2 i.V.m. § 35h Absatz 3 § 69a Absatz 5 Nummer 3	10 €		
	angeordnet oder zugelassen				
	Bereifung und Laufflächen				
208	Kraftfahrzeug oder Anhänger, die unzulässig mit Diagonal- und mit Radialreifen ausgerüstet waren, in Betrieb genommen	§ 36 Absatz 2a Satz 1, 2 § 69a Absatz 3 Nummer 8	15 €		
209	Als Halter die Inbetriebnahme eines Kraftfahrzeugs oder Anhängers, die unzulässig mit Diagonal- und mit Radialreifen ausgerüstet waren, angeordnet oder zugelassen	§ 31 Absatz 2 i.V.m. § 36 Absatz 2a Satz 1, 2 § 69a Absatz 5 Nummer 3	30 €		
210	Mofa in Betrieb genommen, dessen Reifen keine ausreichenden Profilrillen oder Einschnitte oder keine ausreichende Profil- oder Einschnitttiefe besaß	§ 36 Absatz 2 Satz 5 § 31d Absatz 4 Satz 1 § 69a Absatz 3 Nummer 1c, 8	25 €		
211	Als Halter die Inbetriebnahme eines Mofas angeordnet oder zugelassen, dessen Reifen keine ausreichenden Profilrillen oder Einschnitte oder keine ausreichende Profil- oder Einschnitttiefe besaß	§ 31 Absatz 2 i.V.m. § 36 Absatz 2 Satz 5 § 31d Absatz 4 Satz 1 § 69a Absatz 5 Nummer 3	35 €		
212	Kraftfahrzeug (außer Mofa) oder Anhänger in Betrieb genommen, dessen Reifen keine ausreichenden Profilrillen oder Einschnitte oder keine ausreichende Profil- oder Einschnitttiefe besaß	§ 36 Absatz 2 Satz 3 bis 5 § 31d Absatz 4 Satz 1 § 69a Absatz 3 Nummer 1c, 8	60 €	1	
213	Als Halter die Inbetriebnahme eines Kraftfahrzeugs (außer Mofa) oder Anhängers angeordnet oder zugelassen, dessen Reifen keine ausreichenden Pro-	§ 31 Absatz 2 i.V.m. § 36 Absatz 2 Satz 3 bis 5	75 €	1	

BKat

Lfd. Nr.	Tatbestand	Straßenverkehrs-Zulassungs-Ordnung (StVZO)	Regelsatz in Euro (€), Fahrverbot in Monaten	Punkte	Probe-FE schwerwiegend = s
	filrillen oder Einschnitte oder keine ausreichende Profil- oder Einschnitttiefe besaß	§ 31d Absatz 4 Satz 1 § 69a Absatz 5 Nummer 3			
	Sonstige Pflichten für den verkehrssicheren Zustand des Fahrzeugs				
214	Kraftfahrzeug oder Kraftfahrzeug mit Anhänger in Betrieb genommen, das sich in einem Zustand befand, der die Verkehrssicherheit wesentlich beeinträchtigt	§ 30 Absatz 1 § 69a Absatz 3 Nummer 1			
	insbesondere unter Verstoß gegen eine Vorschrift über Lenkeinrichtungen, Bremsen, Einrichtungen zur Verbindung von Fahrzeugen	§ 38 § 41 Absatz 1 bis 12, 15 Satz 1, 3, 4, Absatz 16, 17 § 43 Absatz 1 Satz 1 bis 3, Absatz 4 Satz 1, 3 § 69a Absatz 3 Nummer 3, 9, 13			
214.1	bei Lastkraftwagen oder Kraftomnibussen bzw. ihren Anhängern		180 €	1	
214.2	bei anderen als in Nummer 214.1 genannten Kraftfahrzeugen		90 €	1	
	Erlöschen der Betriebserlaubnis				
214a	Fahrzeug trotz erloschener Betriebserlaubnis in Betrieb genommen und dadurch die Verkehrssicherheit wesentlich beeinträchtigt	§ 19 Absatz 5 Satz 1 § 69a Absatz 2 Nr. 1a			
214a.1	– bei Lastkraftwagen oder Kraftomnibussen		180 €	1	
214a.2	– bei anderen als in 214a.1 genannten Fahrzeugen		90 €	1	
214b	Fahrzeug trotz erloschener Betriebserlaubnis in Betrieb genommen und dadurch die Umwelt wesentlich beeinträchtigt	§ 19 Absatz 5 Satz 1 § 69a Absatz 2 Nummer 1a			
214b.1	– bei Lastkraftwagen oder Kraftomnibussen		180 €		
214b.2	– bei anderen als in Nummer 214b.1 genannten Fahrzeugen		90 €		

BKat

Lfd. Nr.	Tatbestand	Straßenverkehrs-Zulassungs-Ordnung (StVZO)	Regelsatz in Euro (€), Fahrverbot in Monaten	Punkte	Probe-FE schwerwiegend = s
	Einrichtungen zur Verbindung von Fahrzeugen				
216	Abschleppstange oder Abschleppseil nicht ausreichend erkennbar gemacht	§ 43 Absatz 3 Satz 2 § 69a Absatz 3 Nummer 3	5 €		
	Stützlast				
217	Kraftfahrzeug mit einem einachsigen Anhänger in Betrieb genommen, dessen zulässige Stützlast um mehr als 50 % über- oder unterschritten wurde	§ 44 Absatz 3 Satz 1 § 69a Absatz 3 Nummer 3	60 €	1	
(218)	(aufgehoben)				
	Geräuschentwicklung und Schalldämpferanlage				
219	Kraftfahrzeug, dessen Schalldämpferanlage defekt war, in Betrieb genommen	§ 49 Absatz 1 § 69a Absatz 3 Nummer 17	20 €		
220	Weisung, den Schallpegel im Nahfeld feststellen zu lassen, nicht befolgt	§ 49 Absatz 4 Satz 1 § 69a Absatz 5 Nummer 5d	10 €		
	Lichttechnische Einrichtungen				
221	Kraftfahrzeug oder Anhänger in Betrieb genommen				
221.1	unter Verstoß gegen eine allgemeine Vorschrift über lichttechnische Einrichtungen	§ 49a Absatz 1 bis 4, 5 Satz 1, Absatz 6, 8, 9 Satz 2, Absatz 9a, 10 Satz 1 § 69a Absatz 3 Nummer 18	5 €		
221.2	unter Verstoß gegen das Verbot zum Anbringen anderer als vorgeschriebener oder für zulässig erklärter lichttechnischer Einrichtungen	§ 49a Absatz 1 Satz 1 § 69a Absatz 3 Nummer 18	20 €		
222	Kraftfahrzeug oder Anhänger in Betrieb genommen unter Verstoß gegen eine Vorschrift über				
222.1	Scheinwerfer für Fern- oder Abblendlicht	§ 50 Absatz 1, 2 Satz 1, 6 Halbsatz 2, Satz 7, Absatz 3 Satz 1, 2, Absatz 5, 6 Satz 1, 3, 4,	15 €		

BKat

Lfd. Nr.	Tatbestand	Straßenverkehrs-Zulassungs-Ordnung (StVZO)	Regelsatz in Euro (€), Fahrverbot in Monaten	Punkte	Probe-FE schwerwiegend = s
222.2	Begrenzungsleuchten oder vordere Richtstrahler	6, Absatz 6a Satz 2 bis 5, Absatz 9 § 69a Absatz 3 Nummer 18a § 51 Absatz 1 Satz 1, 4 bis 6, Absatz 2 Satz 1, 4, Absatz 3 § 69a Absatz 3 Nummer 18b	15 €		
222.3	seitliche Kenntlichmachung oder Umrissleuchten	§ 51a Absatz 1 Satz 1 bis 7, Absatz 3 Satz 1, Absatz 4 Satz 2, Absatz 6 Satz 1, Absatz 7 Satz 1, 3 § 51b Absatz 2 Satz 1, 3, Absatz 5, 6 § 69a Absatz 3 Nummer 18c	15 €		
222.4	zusätzliche Scheinwerfer oder Leuchten	§ 52 Absatz 1 Satz 2 bis 5, Absatz 2 Satz 2, 3, Absatz 5 Satz 2, Absatz 7 Satz 2, 4, Absatz 9 Satz 2 § 69a Absatz 3 Nummer 18e	15 €		
222.5	Schluss-, Nebelschluss-, Bremsleuchten oder Rückstrahler	§ 53 Absatz 1 Satz 1, 3 bis 5, 7, Absatz 2 Satz 1, 2, 4 bis 6, Absatz 4 Satz 1 bis 4, 6, Absatz 5 Satz 1 bis 3, Absatz 6 Satz 2, Absatz 8, 9 Satz 1 § 53d Absatz 2, 3 § 69a Absatz 3 Nummer 18g, 19c	15 €		
222.6	Warndreieck, Warnleuchte oder Warnblinkanlage	§ 53a Absatz 1, 2 Satz 1, Absatz 3 Satz 2, Absatz 4, 5 § 69a Absatz 3 Nummer 19	15 €		

104

Lfd. Nr.	Tatbestand	Straßenverkehrs-Zulassungs-Ordnung (StVZO)	Regelsatz in Euro (€), Fahrverbot in Monaten	Punkte	Probe-FE schwer-wiegend = s
222.7	Ausrüstung oder Kenntlichmachung von Anbaugeräten oder Hubladebühnen	§ 53b Absatz 1 Satz 1 bis 3, 4 Halbsatz 2, Absatz 2 Satz 1 bis 3, 4 Halbsatz 2, Absatz 3 Satz 1, Absatz 4, 5 § 69a Absatz 3 Nummer 19a	15 €		
Arztschild					
222a	Bescheinigung zur Berechtigung der Führung des Schildes „Arzt Notfalleinsatz" nicht mitgeführt oder zur Prüfung nicht ausgehändigt	§ 52 Absatz 6 Satz 3 § 69a Absatz 5 Nummer 5f	10 €		
Geschwindigkeitsbegrenzer					
223	Kraftfahrzeug in Betrieb genommen, das nicht mit dem vorgeschriebenen Geschwindigkeitsbegrenzer ausgerüstet war, oder den Geschwindigkeitsbegrenzer auf unzulässige Geschwindigkeit eingestellt oder nicht benutzt, auch wenn es sich um ein ausländisches Kfz handelt	§ 57c Absatz 2, 5 § 31d Absatz 3 § 69a Absatz 3 Nummer 1c, 25b	**100 €**	1	
224	Als Halter die Inbetriebnahme eines Kraftfahrzeugs angeordnet oder zugelassen, das nicht mit dem vorgeschriebenen Geschwindigkeitsbegrenzer ausgerüstet war oder dessen Geschwindigkeitsbegrenzer auf eine unzulässige Geschwindigkeit eingestellt war oder nicht benutzt wurde	§ 31 Absatz 2 i.V.m. § 57c Absatz 2, 5 § 31d Absatz 3 § 69a Absatz 5 Nummer 3	**150 €**	1	
225	Als Halter den Geschwindigkeitsbegrenzer in den vorgeschriebenen Fällen nicht prüfen lassen, wenn seit fällig gewordener Prüfung				
225.1	nicht mehr als ein Monat	§ 57d Absatz 2 Satz 1 § 69a Absatz 5 Nummer 6d	25 €		
225.2	mehr als ein Monat vergangen ist	§ 57d Absatz 2 Satz 1 § 69a Absatz 5 Nummer 6d	40 €		

Lfd. Nr.	Tatbestand	Straßenverkehrs-Zulassungs-Ordnung (StVZO)	Regelsatz in Euro (€), Fahrverbot in Monaten	Punkte	Probe-FE schwerwiegend = s
226	Bescheinigung über die Prüfung des Geschwindigkeitsbegrenzers nicht mitgeführt oder auf Verlangen nicht ausgehändigt	§ 57d Absatz 2 Satz 3 § 69a Absatz 5 Nummer 6e	10 €		
(227)	(aufgehoben)				
(228)	(aufgehoben)				
	Einrichtungen an Fahrrädern				
229	Fahrrad unter Verstoß gegen eine Vorschrift über die Einrichtungen für Schallzeichen in Betrieb genommen	§ 64a § 69a Absatz 4 Nummer 4	15 €		
230	Fahrrad oder Fahrrad mit Beiwagen unter Verstoß gegen eine Vorschrift über nach vorn wirkende Scheinwerfer, Schlussleuchten oder Rückstrahler in Betrieb genommen	§ 67 Absatz 3, Absatz 4 Satz 1, 3 § 69a Absatz 4 Nummer 8	20 €		
	Ausnahmen				
231	Urkunde über eine Ausnahmegenehmigung nicht mitgeführt	§ 70 Absatz 3a Satz 1 § 69a Absatz 5 Nummer 7	10 €		
	Auflagen bei Ausnahmegenehmigungen				
232	Als Fahrzeugführer, ohne Halter zu sein, einer vollziehbaren Auflage einer Ausnahmegenehmigung nicht nachgekommen	§ 71 § 69a Absatz 5 Nummer 8	15 €		
233	Als Halter einer vollziehbaren Auflage einer Ausnahmegenehmigung nicht nachgekommen	§ 71 § 69a Absatz 5 Nummer 8	70 €	1	
(234 bis 238)	(aufgehoben)				

Lfd. Nr.	Tatbestand	Ferienreise-Verordnung	Regelsatz in EUR (€), Fahrverbot in Monaten	Punkte	Probe-FE schwerwiegend = s
	e) Ferienreise-Verordnung				
239	Kraftfahrzeug trotz eines Verkehrsverbots innerhalb der Verbotszeiten länger als 15 Minuten geführt	§ 1 § 5 Nummer 1	60 €		

BKat

Lfd. Nr.	Tatbestand	Ferienreise-Verordnung	Regelsatz in EUR (€), Fahrverbot in Monaten	Punkte	Probe-FE schwerwiegend = s
240	Als Halter das Führen eines Kraftfahrzeugs trotz eines Verkehrsverbots innerhalb der Verbotszeiten länger als 15 Minuten zugelassen	§ 1 § 5 Nummer 1	150 €		

Lfd. Nr.	Tatbestand	Straßenverkehrsgesetz (StVG)	Regelsatz in EUR (€), Fahrverbot in Monaten	Punkte	Probe-FE schwerwiegend = s
B. Zuwiderhandlungen gegen §§ 24a, 24c StVG					
0,5-Promille-Grenze					
241	Kraftfahrzeug geführt mit einer Atemalkoholkonzentration von 0,25 mg/l oder mehr oder mit einer Blutalkoholkonzentration von 0,5 Promille oder mehr oder mit einer Alkoholmenge im Körper, die zu einer solchen Atem- oder Blutalkoholkonzentration führt	§ 24a Absatz 1	500 € Fahrverbot 1 Monat	2	s
241.1	bei Eintragung von bereits einer Entscheidung nach § 24a StVG, § 316 oder § 315c Absatz 1 Nummer 1 Buchstabe a StGB im Fahreignungsregister		1.000 € Fahrverbot 3 Monate	2	s
241.2	bei Eintragung von bereits mehreren Entscheidungen nach § 24a StVG, § 316 oder § 315c Absatz 1 Nummer 1 Buchstabe a StGB im Fahreignungsregister		1.500 € Fahrverbot 3 Monate	2	s
Berauschende Mittel					
242	Kraftfahrzeug unter der Wirkung eines in der Anlage zu § 24a Absatz 2 StVG genannten berauschenden Mittels geführt	§ 24a Absatz 2 Satz 1 i.V.m. Absatz 3	500 € Fahrverbot 1 Monat	2	s
242.1	bei Eintragung von bereits einer Entscheidung nach § 24a StVG, § 316 oder § 315c Absatz 1 Nummer 1 Buchstabe a StGB im Fahreignungsregister		1.000 € Fahrverbot 3 Monate	2	s
242.2	bei Eintragung von bereits mehreren Entscheidungen nach § 24a StVG, § 316 oder § 315c Absatz 1		1.500 € Fahrverbot 3 Monate	2	s

BKat

Lfd. Nr.	Tatbestand	Straßenverkehrs-gesetz (StVG)	Regelsatz in EUR (€), Fahrverbot in Monaten	Punkte	Probe-FE schwer-wiegend = s
	Nummer 1 Buchstabe a StGB im Fahreignungsregister				
	Alkoholverbot für Fahranfänger und Fahranfängerinnen				
243	In der Probezeit nach § 2a StVG oder vor Vollendung des 21. Lebensjahres als Führer eines Kraftfahrzeugs alkoholische Getränke zu sich genommen oder die Fahrt unter der Wirkung eines solchen Getränks angetreten	§ 24c Absatz 1, 2	250 €	1	s

Abschnitt II
Vorsätzlich begangene Ordnungswidrigkeiten

Lfd. Nr.	Tatbestand	StVO	Regelsatz in EUR (€), Fahrverbot in Monaten	Punkte	Probe-FE schwer-wiegend = s
	Zuwiderhandlungen gegen § 24 StVG **a) Straßenverkehrs-Ordnung**				
	Bahnübergänge				
244	Beim Führen eines Kraftfahrzeugs Bahnübergang trotz geschlossener Schranke oder Halbschranke überquert	§ 19 Absatz 2 Satz 1 Nummer 3 § 49 Absatz 1 Nummer 19 Buchstabe a	700 € Fahrverbot 3 Monate	2	s
245	Beim zu Fuß gehen, Rad fahren oder als andere nicht motorisierte am Verkehr teilnehmende Person Bahnübergang trotz geschlossener Schranke oder Halbschranke überquert	§ 19 Absatz 2 Satz 1 Nummer 3 § 49 Absatz 1 Nummer 19 Buchstabe a	350 €	1	s
	Sonstige Pflichten von Fahrzeugführenden				
246	Mobil- oder Autotelefon verbotswidrig benutzt	§ 23 Absatz 1a § 49 Absatz 1 Nummer 22			
246.1	beim Führen eines Fahrzeugs		60 €	1	
246.2	beim Radfahren		25 €		

BKat

Lfd. Nr.	Tatbestand	StVO	Regelsatz in EUR (€), Fahrverbot in Monaten	Punkte	Probe-FE schwerwiegend = s
247	Beim Führen eines Kraftfahrzeugs verbotswidrig ein technisches Gerät zur Feststellung von Verkehrsüberwachungsmaßnahmen betrieben oder betriebsbereit mitgeführt	§ 23 Absatz 1b § 49 Absatz 1 Nummer 22	75 €	1	
	Kraftfahrzeugrennen				
248	Beim Führen eines Kraftfahrzeugs an einem Kraftfahrzeugrennen teilgenommen	§ 29 Absatz 1 § 49 Absatz 2 Nummer 5	400 € Fahrverbot 1 Monat	2	s
249	Als Veranstalter ein Kraftfahrzeugrennen ohne Erlaubnis durchgeführt	§ 29 Absatz 2 Satz 1 § 49 Absatz 2 Nummer 6	500 €		
	Genehmigungs- oder Erlaubnisbescheid				
250	Genehmigungs- oder Erlaubnisbescheid auf Verlangen nicht ausgehändigt	§ 46 Absatz 3 Satz 3 § 49 Absatz 4 Nummer 5	10 €		
	b) Fahrerlaubnis-Verordnung				
	Aushändigen von Führerscheinen und Bescheinigungen				
251	Führerschein, Bescheinigung oder die Übersetzung des ausländischen Führerscheins auf Verlangen nicht ausgehändigt	§ 4 Absatz 2 Satz 2, 3 § 5 Absatz 4 Satz 2, 3 § 48 Absatz 3 Satz 2 § 48a Absatz 3 Satz 2 § 74 Absatz 4 Satz 2 § 75 Nummer 4 § 75 Nummer 13	10 €		
251a	Beim begleiteten Fahren ab 17 Jahren ein Kraftfahrzeug der Klasse B oder BE ohne Begleitung geführt	§ 48a Absatz 2 Satz 1 §75 Nummer 15	70 €	1	s
	c) Fahrzeug-Zulassungsverordnung				
	Aushändigen von Fahrzeugpapieren				
252	Die Zulassungsbescheinigung Teil I oder sonstige Bescheinigung auf Verlangen nicht ausgehändigt	§ 4 Absatz 5 Satz 1 § 11 Absatz 5 § 26 Absatz 1 Satz 6 § 48 Nummer 5	10 €		

Lfd. Nr.	Tatbestand	StVO	Regelsatz in EUR (€), Fahrverbot in Monaten	Punkte	Probe-FE schwerwiegend = s
	Betriebsverbot und Beschränkungen				
253	Einem Verbot, ein Fahrzeug in Betrieb zu setzen, zuwidergehandelt oder Beschränkung nicht beachtet	§ 5 Absatz 1 § 48 Nummer 7	**70 €**	1	s
	d) Straßenverkehrs-Zulassungs-Ordnung				
	Achslast, Gesamtgewicht, Anhängelast hinter Kraftfahrzeugen				
254	Gegen die Pflicht zur Feststellung der zugelassenen Achslasten oder Gesamtgewichte oder gegen Vorschriften über das Um- oder Entladen bei Überlastung verstoßen	§ 31c Satz 1, 4 Halbsatz 2 § 69a Absatz 5 Nummer 4c	50 €		
	Ausnahmen				
255	Urkunde über eine Ausnahmegenehmigung auf Verlangen nicht ausgehändigt	§ 70 Absatz 3a Satz 1 § 69a Absatz 5 Nummer 7	10 €		

III. BKat-Tabellen

– Siehe dazu die Erläuterungen auf Seite 14 zu 3. –

Anhang

(zu Nummer 11 der Anlage)[*]

Tabelle 1

Geschwindigkeitsüberschreitungen

a) Kraftfahrzeuge der in § 3 Absatz 3 Nummer 2 Buchstaben a oder b StVO genannten Art *(z.B. Kfz über 3,5 t ausgenommen PKW, PKW mit Anhänger, LKW und Wohnmobile bis 3,5 t)*

Lfd.Nr.	Überschreitung in km/h	Regelsatz in Euro bei Begehung	
		innerhalb	außerhalb
		geschlossener Ortschaften (außer bei Überschreitung für mehr als 5 Minuten Dauer oder in mehr als zwei Fällen nach Fahrtantritt)	
11.1.1	bis 10	20	15
11.1.2	11–15	30	25

Lfd.Nr.	Überschreitung in km/h	Regelsatz in Euro bei Begehung		Fahrverbot in Monaten bei Begehung		Punkte	Probe-FE schwerwiegend = s
		innerhalb	außerhalb	innerhalb	außerhalb		
		geschlossener Ortschaften		geschlossener Ortschaften			
11.1.3	bis 15 für mehr als 5 Minuten Dauer oder in mehr als zwei Fällen nach Fahrtantritt	80	70	–	–	1	s
11.1.4	16–20	80	70	–	–	1	s
11.1.5	21–25	95	80	–	–	1	s
11.1.6	26–30	140	95	1 Monat	–	2 (innerhalb) 1 (außerhalb)	s
11.1.7	31–40	200	160	1 Monat	1 Monat	2	s
11.1.8	41–50	280	240	2 Monate	1 Monat	2	s
11.1.9	51–60	480	440	3 Monate	2 Monate	2	s
11.1.10	über 60	680	600	3 Monate	3 Monate	2	s

[*] Nr. 11 des BKat.

b) kennzeichnungspflichtige Kraftfahrzeuge der in Buchstabe a genannten Art mit gefährlichen Gütern oder Kraftomnibusse mit Fahrgästen

Lfd.Nr.	Überschreitung in km/h	Regelsatz in Euro bei Begehung		Punkte	Probe-FE schwerwiegend = s
		innerhalb	außerhalb		
		geschlossener Ortschaften (außer bei Überschreitung für mehr als 5 Minuten Dauer oder in mehr als zwei Fällen nach Fahrtantritt)			
11.2.1	bis 10	35	30		
11.2.2	11–15	60	35	1 (nur innerhalb geschlossener Ortschaften)	s

Die nachfolgenden Regelsätze und Fahrverbote gelten auch für die Überschreitung der festgesetzten Höchstgeschwindigkeit bei Sichtweite unter 50 m durch Nebel, Schneefall oder Regen nach Nummer 9.2 der Anlage.

Lfd.Nr.	Überschreitung in km/h	Regelsatz in Euro bei Begehung		Fahrverbot in Monaten bei Begehung		Punkte	Probe-FE schwerwiegend = s
		innerhalb	außerhalb	innerhalb	außerhalb		
		geschlossener Ortschaften		geschlossener Ortschaften			
11.2.3	bis 15 für mehr als 5 Minuten Dauer oder in mehr als zwei Fällen nach Fahrtantritt	160	120	–	–	1	s
11.2.4	16–20	160	120	–	–	1	s
11.2.5	21–25	200	160	1 Monat	–	2 (nur innerhalb geschlossener Ortschaften) 1 (nur außerhalb geschlossener Ortschaften)	s
11.2.6	26–30	280	240	1 Monat	1 Monat	2	s
11.2.7	31–40	360	320	2 Monate	1 Monat	2	s
11.2.8	41–50	480	400	3 Monate	2 Monate	2	s
11.2.9	51–60	600	560	3 Monate	3 Monate	2	s
11.2.10	über 60	760	680	3 Monate	3 Monate	2	s

BKat-Tabellen

c) andere als die in Buchstabe a oder b genannten Kraftfahrzeuge *(z.B. PKW)*

Lfd.Nr.	Überschreitung in km/h	Regelsatz in Euro bei Begehung	
		innerhalb	außerhalb
		geschlossener Ortschaften	
11.3.1	bis 10	15	10
11.3.2	11–15	25	20
11.3.3	16–20	35	30

Die nachfolgenden Regelsätze und Fahrverbote gelten auch für die Überschreitung der festgesetzten Höchstgeschwindigkeit bei Sichtweite unter 50 m durch Nebel, Schneefall oder Regen nach Nummer 9.3 der Anlage.

Lfd.Nr.	Überschreitung in km/h	Regelsatz in Euro bei Begehung		Fahrverbot in Monaten bei Begehung		Punkte	Probe-FE schwerwiegend = s
		innerhalb	außerhalb	innerhalb	außerhalb		
		geschlossener Ortschaften		geschlossener Ortschaften			
11.3.4	21–25	80	70	–	–	1	s
11.3.5	26–30	100	80	–	–	1	s
11.3.6	31–40	160	120	1 Monat	–	2 (nur innerhalb geschlossener Ortschaften) 1 (nur außerhalb geschlossener Ortschaften)	s
11.3.7	41–50	200	160	1 Monat	1 Monat	2	s
11.3.8	51–60	280	240	2 Monate	1 Monat	2	s
11.3.9	61–70	480	440	3 Monate	2 Monate	2	s
11.3.10	über 70	680	600	3 Monate	3 Monate	2	s

Anhang

(zu Nummer 12 der Anlage)[*]

Tabelle 2
Nichteinhalten des Abstandes von einem vorausfahrenden Fahrzeug

Lfd. Nr.			Regelsatz in Euro	Fahrverbot	Punkte	Probe-FE schwer-wiegend = s
		Der Abstand von einem vorausfahrenden Fahrzeug betrug in Metern				
12.5	a)	bei einer Geschwindigkeit von mehr als 80 km/h				
12.5.1		weniger als 5/10 des halben Tachowertes	75		1	s
12.5.2		weniger als 4/10 des halben Tachowertes	100		1	s
12.5.3		weniger als 3/10 des halben Tachowertes	160		1	s
12.5.4		weniger als 2/10 des halben Tachowertes	240		1	s
12.5.5		weniger als 1/10 des halben Tachowertes	320		1	s
12.6	b)	bei einer Geschwindigkeit von mehr als 100 km/h				
12.6.1		weniger als 5/10 des halben Tachowertes	75		1	s
12.6.2		weniger als 4/10 des halben Tachowertes	100		1	s
12.6.3		weniger als 3/10 des halben Tachowertes	160	Fahrverbot 1 Monat	2	s
12.6.4		weniger als 2/10 des halben Tachowertes	240	Fahrverbot 2 Monate	2	s
12.6.5		weniger als 1/10 des halben Tachowertes	320	Fahrverbot 3 Monate	2	s
12.7	c)	bei einer Geschwindigkeit von mehr als 130 km/h				
12.7.1		weniger als 5/10 des halben Tachowertes	100		1	s

---

[*] Nr. 12 des BKat.

Lfd. Nr.		Regelsatz in Euro	Fahrverbot	Punkte	Probe-FE schwer- wiegend = s
12.7.2	weniger als ⁴/₁₀ des halben Tachowertes	180		1	s
12.7.3	weniger als ³/₁₀ des halben Tachowertes	240	Fahrverbot 1 Monat	2	s
12.7.4	weniger als ²/₁₀ des halben Tachowertes	320	Fahrverbot 2 Monate	2	s
12.7.5	weniger als ¹/₁₀ des halben Tachowertes	400	Fahrverbot 3 Monate	2	s

BKat-Tabellen

Anhang

(zu den Nummern 198 und 199 der Anlage)*

Tabelle 3

Überschreiten der zulässigen Achslast oder des zulässigen Gesamtgewichts von Kraftfahrzeugen, Anhängern, Fahrzeugkombinationen sowie der Anhängelast hinter Kraftfahrzeugen
a) bei Kraftfahrzeugen mit einem zulässigen Gesamtgewicht über 7,5 t sowie Kraftfahrzeugen mit Anhängern, deren zulässiges Gesamtgewicht 2 t übersteigt

Lfd. Nr.	Überschreitung in v.H.	Regelsatz in Euro	Punkte	Fahrverbot und Einstufung als schwerwiegend bei Probe-FE nicht vorgesehen
198.1	für Inbetriebnahme			
198.1.1	2 bis 5	30		
198.1.2	mehr als 5	**80**	1	
198.1.3	mehr als 10	**110**	1	
198.1.4	mehr als 15	**140**	1	
198.1.5	mehr als 20	**190**	1	
198.1.6	mehr als 25	**285**	1	
198.1.7	mehr als 30	**380**	1	
199.1	für Anordnen oder Zulassen der Inbetriebnahme			
199.1.1	2 bis 5	35		
199.1.2	mehr als 5	**140**	1	
199.1.3	mehr als 10	**235**	1	
199.1.4	mehr als 15	**285**	1	
199.1.5	mehr als 20	**380**	1	
199.1.6	mehr als 25	**425**	1	

b) bei anderen Kraftfahrzeugen bis 7,5 t für Inbetriebnahme, Anordnen oder Zulassen der Inbetriebnahme

Lfd. Nummer	Überschreitung in v.H.	Regelsatz in Euro	Punkte	Fahrverbot und Einstufung als schwerwiegend bei Probe-FE nicht vorgesehen
198.2.1 oder 199.2.1	mehr als 5 bis 10	10		
198.2.2 oder 199.2.2	mehr als 10 bis 15	30		
198.2.3 oder 199.2.3	mehr als 15 bis 20	35		
198.2.4 oder 199.2.4	mehr als 20	**95**	1	
198.2.5 oder 199.2.5	mehr als 25	**140**	1	
198.2.6 oder 199.2.6	mehr als 30	**235**	1	

* Nr. 198, 199 des BKat.

BKat-Tabellen

Anhang

(zu § 3 Absatz 3)[*]

Tabelle 4
Erhöhung der Regelsätze bei Hinzutreten einer Gefährdung oder Sachbeschädigung

Die im Bußgeldkatalog bestimmten Regelsätze, die einen Betrag von mehr als 55 Euro vorsehen, erhöhen sich beim Hinzutreten einer Gefährdung oder Sachbeschädigung, soweit diese Merkmale nicht bereits im Grundtatbestand enthalten sind, wie folgt:

Bei einem Regelsatz für den Grundtatbestand von Euro	mit Gefährdung auf Euro	mit Sachbeschädigung auf Euro
60	75	90
70	85	105
75	90	110
80	100	120
90	110	135
95	115	140
100	120	145
110	135	165
120	145	175
130	160	195
135	165	200
140	170	205
150	180	220
160	195	235
165	200	240
180	220	265
190	230	280
200	240	290
210	255	310
235	285	345

[*] § 3 Abs. 3 BKatV.

BKat-Tabellen

Bei einem Regelsatz für den Grundtatbestand von Euro	mit Gefährdung auf Euro	mit Sachbeschädigung auf Euro
240	290	350
250	300	360
270	325	390
280	340	410
285	345	415
290	350	420
320	385	465
350	420	505
360	435	525
380	460	555
400	480	580
405	490	590
425	510	615
440	530	640
480	580	700
500	600	720
560	675	810
570	685	825
600	720	865
635	765	920
680	820	985
700	840	1.000
760	915	1.000

BKat-Tabellen

Enthält der Grundtatbestand bereits eine Gefährdung, führt Sachbeschädigung zu folgender Erhöhung:

Bei einem Regelsatz für den Grundtatbestand von Euro	mit Sachbeschädigung auf Euro
60	75
70	85
75	90
80	100
100	120
150	180

IV. FeV

Verordnung über die Zulassung von Personen zum Straßenverkehr (Fahrerlaubnis-Verordnung – FeV)

– Auszug aus der ab 1.5.2014 geltenden Fassung –

6. Fahrerlaubnis auf Probe

(…)

§ 34 Bewertung der Straftaten und Ordnungswidrigkeiten im Rahmen der Fahrerlaubnis auf Probe und Anordnung des Aufbauseminars

(1) Die Bewertung der Straftaten und Ordnungswidrigkeiten im Rahmen der Fahrerlaubnis auf Probe erfolgt nach Anlage 12.

(2) Die Anordnung der Teilnahme an einem Aufbauseminar nach § 2a Absatz 2 des Straßenverkehrsgesetzes erfolgt schriftlich unter Angabe der Verkehrszuwiderhandlungen, die zu der Anordnung geführt haben; dabei ist eine angemessene Frist zu setzen. Die schriftliche Anordnung ist bei der Anmeldung zu einem Aufbauseminar dem Kursleiter vorzulegen.

§ 35 Aufbauseminare

(1) Das Aufbauseminar ist in Gruppen mit mindestens sechs und höchstens zwölf Teilnehmern durchzuführen. Es besteht aus einem Kurs mit vier Sitzungen von jeweils 135 Minuten Dauer in einem Zeitraum von zwei bis vier Wochen; jedoch darf an einem Tag nicht mehr als eine Sitzung stattfinden. Zusätzlich ist zwischen der ersten und der zweiten Sitzung eine Fahrprobe durchzuführen, die der Beobachtung des Fahrverhaltens des Seminarteilnehmers dient. Die Fahrprobe soll in Gruppen mit drei Teilnehmern durchgeführt werden, wobei die reine Fahrzeit jedes Teilnehmers 30 Minuten nicht unterschreiten darf. Dabei ist ein Fahrzeug zu verwenden, das – mit Ausnahme der Anzahl der Türen – den Anforderungen des Abschnitts 2.2 der Anlage 7 entspricht. Jeder Teilnehmer an der Fahrprobe soll möglichst ein Fahrzeug der Klasse führen, mit dem vor allem die zur Anordnung der Teilnahme an dem Aufbauseminar führenden Verkehrszuwiderhandlungen begangen worden sind.

(2) In den Kursen sind die Verkehrszuwiderhandlungen, die bei den Teilnehmern zur Anordnung der Teilnahme an dem Aufbauseminar geführt haben, und die Ursachen dafür zu diskutieren und daraus ableitend allgemein die Probleme und Schwierigkeiten von Fahranfängern zu erörtern. Durch Gruppengespräche, Verhaltensbeobachtung in der Fahrprobe, Analyse problematischer Verkehrssituationen und durch weitere Informationsvermittlung soll ein sicheres und rücksichtsvolles Fahrverhalten erreicht werden. Dabei soll insbesondere die Einstellung zum Verhalten im Straßenverkehr geändert, das Risikobewusstsein gefördert und die Gefahrenerkennung verbessert werden.

(3) Für die Durchführung von Einzelseminaren nach § 2b Absatz 1 des Straßenverkehrsgesetzes gelten die Absätze 1 und 2 mit der Maßgabe, dass die Gespräche in vier Sitzungen von jeweils 60 Minuten Dauer durchzuführen sind.

§ 36 Besondere Aufbauseminare nach § 2b Absatz 2 Satz 2 des Straßenverkehrsgesetzes

(1) Inhaber von Fahrerlaubnissen auf Probe, die wegen Zuwiderhandlungen nach § 315c Absatz 1 Nummer 1 Buchstabe a, den §§ 316, 323a des Strafgesetzbuches oder den §§ 24a, 24c des Straßenverkehrsgesetzes an einem Aufbauseminar teilzunehmen haben, sind, auch wenn sie noch andere Verkehrszuwiderhandlungen begangen haben, einem besonderen Aufbauseminar zuzuweisen.

FeV

(2) Ist die Fahrerlaubnis wegen einer innerhalb der Probezeit begangenen Zuwiderhandlung nach § 315c Absatz 1 Nummer 1 Buchstabe a, den §§ 316, 323a des Strafgesetzbuches oder den §§ 24a, 24c des Straßenverkehrsgesetzes entzogen worden, darf eine neue Fahrerlaubnis unbeschadet der übrigen Voraussetzungen nur erteilt werden, wenn der Antragsteller nachweist, dass er an einem besonderen Aufbauseminar teilgenommen hat.

(3) Das besondere Aufbauseminar ist in Gruppen mit mindestens sechs und höchstens zwölf Teilnehmern durchzuführen. Es besteht aus einem Kurs mit einem Vorgespräch und drei Sitzungen von jeweils 180 Minuten Dauer in einem Zeitraum von zwei bis vier Wochen sowie der Anfertigung von Kursaufgaben zwischen den Sitzungen. An einem Tag darf nicht mehr als eine Sitzung stattfinden.

(4) In den Kursen sind die Ursachen, die bei den Teilnehmern zur Anordnung der Teilnahme an einem Aufbauseminar geführt haben, zu diskutieren und Möglichkeiten für ihre Beseitigung zu erörtern. Wissenslücken der Kursteilnehmer über die Wirkung des Alkohols und anderer berauschender Mittel auf die Verkehrsteilnehmer sollen geschlossen und individuell angepasste Verhaltensweisen entwickelt und erprobt werden, um insbesondere Trinkgewohnheiten zu ändern sowie Trinken und Fahren künftig zuverlässig zu trennen. Durch die Entwicklung geeigneter Verhaltensmuster sollen die Kursteilnehmer in die Lage versetzt werden, einen Rückfall und weitere Verkehrszuwiderhandlungen unter Alkoholeinfluss oder dem Einfluss anderer berauschender Mittel zu vermeiden. Zusätzlich ist auf die Problematik der wiederholten Verkehrszuwiderhandlungen einzugehen.

(5) Für die Durchführung von Einzelseminaren nach § 2b Absatz 1 des Straßenverkehrsgesetzes gelten die Absätze 3 und 4 mit der Maßgabe, dass die Gespräche in drei Sitzungen von jeweils 90 Minuten Dauer durchzuführen sind.

(6) Die besonderen Aufbauseminare dürfen nur von Kursleitern durchgeführt werden, die von der zuständigen obersten Landesbehörde oder der von ihr bestimmten oder der nach Landesrecht zuständigen Stelle oder von dem für die in § 26 genannten Dienstbereiche jeweils zuständigen Fachminister oder von ihm bestimmten Stellen anerkannt worden sind. Die amtliche Anerkennung als Kursleiter darf nur erteilt werden, wenn der Bewerber folgende Voraussetzungen erfüllt:
1. Abschluss eines Hochschulstudiums als Diplom-Psychologe oder eines gleichwertigen Master-Abschlusses in Psychologie,
2. Nachweis einer verkehrspsychologischen Ausbildung an einer Universität oder gleichgestellten Hochschule oder bei einer Stelle, die sich mit der Begutachtung oder Wiederherstellung der Kraftfahreignung befasst,
3. Kenntnisse und Erfahrungen in der Untersuchung und Begutachtung der Eignung von Kraftfahrern, die Zuwiderhandlungen gegen Vorschriften über das Führen von Kraftfahrzeugen unter Einfluss von Alkohol oder anderen berauschenden Mitteln begangen haben,
4. Ausbildung und Erfahrung als Kursleiter in Kursen für Kraftfahrer, die Zuwiderhandlungen gegen Vorschriften über das Führen von Kraftfahrzeugen unter Einfluss von Alkohol oder anderen berauschenden Mitteln begangen haben,
5. Vorlage eines sachgerechten, auf wissenschaftlicher Grundlage entwickelten Seminarkonzepts und
6. Nachweis geeigneter Räumlichkeiten sowie einer sachgerechten Ausstattung.

Außerdem dürfen keine Tatsachen vorliegen, die Bedenken gegen die Zuverlässigkeit des Kursleiters begründen. Die Anerkennung kann mit Auflagen, insbesondere hinsichtlich der Aufsicht über die Durchführung der Aufbauseminare sowie der Teilnahme an Fortbildungsmaßnahmen, verbunden werden.

(7) Die Aufsicht obliegt den nach Absatz 6 Satz 1 für die Anerkennung zuständigen Behörden oder Stellen; diese können sich hierbei geeigneter Personen oder Stellen bedienen.

§ 37 Teilnahmebescheinigung

(1) Über die Teilnahme an einem Aufbauseminar nach § 35 oder § 36 ist vom Seminarleiter eine Bescheinigung zur Vorlage bei der Fahrerlaubnisbehörde auszustellen. Die Bescheinigung muss
1. den Familiennamen und Vornamen, den Tag der Geburt und die Anschrift des Seminarteilnehmers,
2. die Bezeichnung des Seminarmodells und
3. Angaben über Umfang und Dauer des Seminars

enthalten. Sie ist vom Seminarleiter und vom Seminarteilnehmer unter Angabe des Ausstellungsdatums zu unterschreiben.

(2) Die Ausstellung einer Teilnahmebescheinigung ist vom Kursleiter zu verweigern, wenn der Seminarteilnehmer nicht an allen Sitzungen des Kurses und an der Fahrprobe teilgenommen oder bei einem besonderen Aufbauseminar nach § 36 die Anfertigung von Kursaufgaben verweigert hat.

(3) Die für die Durchführung von Aufbauseminaren erhobenen personenbezogenen Daten dürfen nur für diesen Zweck verarbeitet und genutzt werden und sind sechs Monate nach Abschluss der jeweiligen Seminare mit Ausnahme der Daten zu löschen, die für Maßnahmen der Qualitätssicherung oder Aufsicht erforderlich sind. Diese Daten sind zu sperren und spätestens bis zum Ablauf des fünften des auf den Abschluss der jeweiligen Seminare folgenden Jahres zu löschen.

§ 38 Verkehrspsychologische Beratung

In der verkehrspsychologischen Beratung soll der Inhaber der Fahrerlaubnis veranlasst werden, Mängel in seiner Einstellung zum Straßenverkehr und im verkehrssicheren Verhalten zu erkennen und die Bereitschaft zu entwickeln, diese Mängel abzubauen. Die Beratung findet in Form eines Einzelgesprächs statt; sie kann durch eine Fahrprobe ergänzt werden, wenn der Berater dies für erforderlich hält. Der Berater soll die Ursachen der Mängel aufklären und Wege zu ihrer Beseitigung aufzeigen. Das Ergebnis der Beratung ist nur für den Betroffenen bestimmt und nur diesem mitzuteilen. Der Betroffene erhält jedoch eine Bescheinigung über die Teilnahme zur Vorlage bei der Fahrerlaubnisbehörde; diese Bescheinigung muss eine Bezugnahme auf die Bestätigung nach § 71 Absatz 2 enthalten.

§ 39 Anordnung der Teilnahme an einem Aufbauseminar und weiterer Maßnahmen bei Inhabern einer Dienstfahrerlaubnis

Bei Inhabern von Dienstfahrerlaubnissen, die keine allgemeine Fahrerlaubnis besitzen, sind für die Anordnung von Maßnahmen nach § 2a Absatz 2, 3 bis 5 des Straßenverkehrsgesetzes innerhalb der Probezeit die in § 26 Absatz 1 genannten Dienststellen zuständig. Die Zuständigkeit bestimmt der zuständige Fachminister, soweit sie nicht landesrechtlich geregelt wird. Besitzen die Betroffenen daneben eine allgemeine Fahrerlaubnis, ausgenommen die Klassen AM, L und T, treffen die Anordnungen ausschließlich die nach Landesrecht zuständigen Verwaltungsbehörden.

7. Fahreignungs-Bewertungssystem

§ 40 Punktbewertung nach dem Punktsystem

Dem Fahreignungs-Bewertungssystem sind die in Anlage 13 bezeichneten Zuwiderhandlungen mit der dort jeweils festgelegten Bewertung zu Grunde zu legen.

§ 41 Maßnahmen der nach Landesrecht zuständigen Behörde

(1) Die Ermahnung des Inhabers einer Fahrerlaubnis nach § 4 Absatz 5 Satz 1 Nummer 1 des Straßenverkehrsgesetzes, seine Verwarnung nach § 4 Absatz 5 Satz 1 Nummer 2 des Straßenverkehrsgesetzes und der jeweils gleichzeitige Hinweis auf die freiwillige Teilnahme an einem Fahreignungsseminar erfolgen schriftlich unter Angabe der begangenen Verkehrszuwiderhandlungen.

(2) Die Anordnung eines Verkehrsunterrichts nach § 48 der Straßenverkehrs-Ordnung bleibt unberührt.

§ 42 Fahreignungsseminar

(1) Das Fahreignungsseminar besteht aus einer verkehrspädagogischen und aus einer verkehrspsychologischen Teilmaßnahme. Die Teilmaßnahmen sind durch gegenseitige Information der jeweiligen Seminarleiter aufeinander abzustimmen.

(2) Die verkehrspädagogische Teilmaßnahme zielt auf die Vermittlung von Kenntnissen zum Risikoverhalten, die Verbesserung der Gefahrenkognition, die Anregung zur Selbstreflexion und die Entwicklung von Verhaltensvarianten ab. Sie umfasst zwei Module zu je 90 Minuten entsprechend der Anlage 16. Neben den dort genannten Lehr- und Lernmethoden und Medien dürfen auch Methoden und Medien eingesetzt werden, die den gleichen Lernerfolg gewährleisten. Über die Geeignetheit der Methoden und Medien entscheidet die nach Landesrecht zuständige Behörde, die zur Bewertung ein unabhängiges wissenschaftliches Gutachten einer für die Bewertung geeigneten Stelle einholen kann. Die verkehrspädagogische Teilmaßnahme kann als Einzelmaßnahme oder in Gruppen mit bis zu sechs Teilnehmern durchgeführt werden.

(3) Modul 1 der verkehrspädagogischen Teilmaßnahme umfasst folgende Bausteine:
1. Einzelbaustein „Seminarüberblick",
2. teilnehmerbezogene Darstellung der individuellen Fahrerkarriere und Sicherheitsverantwortung,
3. teilnehmerbezogene Darstellung der individuellen Mobilitätsbedeutung,
4. Darstellung der individuellen Mobilitätsbedeutung als Hausaufgabe,
5. Einzelbaustein „Erläuterung des Fahreignungs-Bewertungssystems",
6. tatbezogene Bausteine zu Verkehrsregeln und Rechtsfolgen bei Zuwiderhandlungen mit folgenden Varianten:
   a) Geschwindigkeit,
   b) Abstand,
   c) Vorfahrt und Abbiegen,
   d) Überholen,
   e) Ladung,
   f) Telefonieren im Fahrzeug,
   g) Alkohol und andere berauschende Mittel,
   h) Straftaten,
7. Festigungsbaustein „Übung zur Klärung der individuellen Mobilitätssituation" und
8. Hausaufgabenbaustein „Übung zur Selbstbeobachtung".

(4) Modul 2 der verkehrspädagogischen Teilmaßnahme umfasst folgende Bausteine:
1. Auswertung der Hausaufgaben,
2. tatbezogene Bausteine zu Risikoverhalten und Unfallfolgen und
3. Festigungsbaustein „individuelle Sicherheitsverantwortung".

(5) Die Auswahl der tatbezogenen Bausteine nach den Absätzen 3 und 4 wird vom Seminarleiter in Abhängigkeit von den in den individuellen Fahrerkarrieren dargestellten Verkehrszuwiderhandlungen vorgenommen.

Modul 2 der verkehrspädagogischen Teilmaßnahme darf frühestens nach Ablauf von einer Woche nach Abschluss des Moduls 1 begonnen werden.

(6) Die verkehrspsychologische Teilmaßnahme zielt darauf ab, dem Teilnehmer Zusammenhänge zwischen auslösenden und aufrechterhaltenden Bedingungen des regelwidrigen Verkehrsverhaltens aufzuzeigen. Sie soll beim Teilnehmer Reflexionsbereitschaft erzeugen und Veränderungsbereitschaft schaffen. Sie umfasst zwei Sitzungen zu je 75 Minuten und ist als Einzelmaßnahme durchzuführen.

(7) Sitzung 1 der verkehrspsychologischen Teilmaßnahme dient der Verhaltensanalyse, der Entwicklung eines funktionalen Bedingungsmodells und der Erarbeitung von Lösungsstrategien. Sie umfasst
1. die Erarbeitung der auslösenden und aufrechterhaltenden inneren und äußeren Bedingungen der Verkehrszuwiderhandlungen als Verhaltensanalyse,
2. die Erarbeitung der Funktionalität des Fehlverhaltens in Form einer Mittel-Zweck-Relation,
3. die Aktivierung persönlicher Stärken und Unterstützungsmöglichkeiten sowie Motivationsarbeit,
4. die Ausarbeitung schriftlicher Zielvereinbarungen, diese umfassen
   a) die Spezifikation des Zielverhaltens in Form von Lösungsstrategien,
   b) die Festlegung der Verstärker, Belohnungen und positiven Konsequenzen und
   c) die Festlegung der zu erreichenden Schritte
   und
5. die Hausaufgaben „Selbstbeobachtung des Verhaltens in kritischen Situationen" und „Erprobung des neuen Zielverhaltens".

(8) Sitzung 2 der verkehrspsychologischen Teilmaßnahme dient der Festigung der Lösungsstrategien. Sie umfasst
1. die Besprechung der Erfahrungen aus der Selbstbeobachtung,
2. die Besprechung der Einhaltung der Zielvereinbarungen,
3. die Erarbeitung und Weiterentwicklung von Verhaltensstrategien und
4. die Aktivierung persönlicher Stärken und Unterstützungsmöglichkeiten sowie Motivationsarbeit.

(9) Mit Sitzung 2 der verkehrspsychologischen Teilmaßnahme darf frühestens nach Ablauf von drei Wochen nach Abschluss von Sitzung 1 begonnen werden.

(…)

§ 44 Teilnahmebescheinigung

(1) Nach Abschluss des Fahreignungsseminars ist vom Seminarleiter der abschließenden Teilmaßnahme eine Bescheinigung nach dem Muster der Anlage 18 zur Vorlage bei der nach Landesrecht zuständigen Behörde auszustellen. Die Bescheinigung ist von den Seminarleitern beider Teilmaßnahmen und vom Seminarteilnehmer unter Angabe des Ausstellungsdatums zu unterschreiben.

(2) Die Ausstellung einer Teilnahmebescheinigung ist vom Seminarleiter zu verweigern, wenn der Seminarteilnehmer
1. nicht an allen Sitzungen des Seminars teilgenommen hat
2. eine offene Ablehnung gegenüber den Zielen der Maßnahme zeigt oder
3. den Lehrstoff und Lernstoff nicht aktiv mitgestaltet.

(…)

V. FeV-Anlage 12 (zu § 34)

Bewertung der Straftaten und Ordnungswidrigkeiten im Rahmen der Fahrerlaubnis auf Probe (§ 2a des Straßenverkehrsgesetzes)

A. Schwerwiegende Zuwiderhandlungen

1. **Straftaten, soweit sie nicht bereits zur Entziehung der Fahrerlaubnis geführt haben:**
1.1 Straftaten nach dem Strafgesetzbuch
   Unerlaubtes Entfernen vom Unfallort (§ 142)
   Fahrlässige Tötung (§ 222)[1]
   Fahrlässige Körperverletzung (§ 229)[2]
   Nötigung (§ 240)
   Gefährliche Eingriffe in den Straßenverkehr (§ 315b)
   Gefährdung des Straßenverkehrs (§ 315c)
   Trunkenheit im Verkehr (§ 316)
   Vollrausch (§ 323a)
   Unterlassene Hilfeleistung (§ 323c)
1.2 Straftaten nach dem Straßenverkehrsgesetz
   Führen oder Anordnung oder Zulassen des Führens eines Kraftfahrzeugs ohne Fahrerlaubnis, trotz Fahrverbots oder trotz Verwahrung, Sicherstellung oder Beschlagnahme des Führerscheins (§ 21)
2. **Ordnungswidrigkeiten nach den §§ 24, 24a und § 24c des Straßenverkehrsgesetzes und weiterer straßenverkehrsrechtlicher Vorschriften:**
2.1 Verstöße gegen die Vorschriften der Straßenverkehrs-Ordnung über

das Rechtsfahrgebot	(§ 2 Absatz 2)
die Geschwindigkeit	(§ 3 Absatz 1, 2a, 3 und 4, § 41 Absatz 2, § 42 Absatz 4a)
den Abstand	(§ 4 Absatz 1)
das Überholen	(§ 5, § 41 Absatz 2)
die Vorfahrt	(§ 8 Absatz 2, § 41 Absatz 2)
das Abbiegen, Wenden und Rückwärtsfahren	(§ 9)
die Benutzung von Autobahnen und Kraftfahrstraßen	(§ 2 Absatz 1, § 18 Absatz 2 bis 5, Absatz 7, § 41 Absatz 2)
das Verhalten an Bahnübergängen	(§ 19 Absatz 1 und 2, § 40 Absatz 7)

---

1 Für die Einordnung einer fahrlässigen Tötung oder fahrlässigen Körperverletzung in Abschnitt A oder B ist die Einordnung des der Tat zugrunde liegenden Verkehrsverstoßes maßgebend.

2 Für die Einordnung einer fahrlässigen Tötung oder fahrlässigen Körperverletzung in Abschnitt A oder B ist die Einordnung des der Tat zugrunde liegenden Verkehrsverstoßes maßgebend.

FeV-Anlage 12

das Verhalten an öffentlichen Verkehrsmitteln und Schulbussen	(§ 20 Absatz 2, 3 und 4, § 41 Absatz 2)
das Verhalten an Fußgängerüberwegen	(§ 26, § 41 Absatz 3)
übermäßige Straßenbenutzung	(§ 29)
das Verhalten an Wechsellichtzeichen, Dauerlichtzeichen und Zeichen 206 (Halt! Vorfahrt gewähren!) sowie gegenüber Haltzeichen von Polizeibeamten	(§ 36, § 37 Absatz 2, 3, § 41 Absatz 2)

2.2 Verstöße gegen die Vorschriften der Fahrzeug-Zulassungsverordnung über den Gebrauch oder das Gestatten des Gebrauchs von Fahrzeugen ohne die erforderliche Zulassung (§ 3 Absatz 1) oder ohne dass sie einem genehmigten Typ entsprechen oder eine Einzelgenehmigung erteilt ist (§ 4 Absatz 1)
2.3 Verstöße gegen § 24a oder § 24c des Straßenverkehrsgesetzes (Alkohol, berauschende Mittel)
2.4 Verstöße gegen die Vorschriften der Fahrerlaubnis-Verordnung über das Befördern von Fahrgästen ohne die erforderliche Fahrerlaubnis zur Fahrgastbeförderung oder das Anordnen oder Zulassen solcher Beförderungen (§ 48 Absatz 1 oder 8)
2.5 Verstöße gegen die Vorschriften der Fahrerlaubnis-Verordnung über das Führen von Kraftfahrzeugen in Begleitung, wenn der Fahrerlaubnisinhaber entgegen einer vollziehbaren Auflage ein Kraftfahrzeug ohne Begleitung führt (Begleitetes Fahren ab 17 Jahre – § 48a Absatz 2)

B. Weniger schwerwiegende Zuwiderhandlungen

1. **Straftaten, soweit sie nicht bereits zur Entziehung der Fahrerlaubnis geführt haben:**
1.1 Straftaten nach dem Strafgesetzbuch
Fahrlässige Tötung (§ 222)[3]
Fahrlässige Körperverletzung (§ 229)[4]
Sonstige Straftaten, soweit im Zusammenhang mit dem Straßenverkehr begangen und nicht in Abschnitt A aufgeführt
1.2 Straftaten nach dem Straßenverkehrsgesetz
Kennzeichenmissbrauch (§ 22)
2. **Ordnungswidrigkeiten nach § 24 des Straßenverkehrsgesetzes,**
soweit nicht in Abschnitt A aufgeführt.

---

3 Für die Einordnung einer fahrlässigen Tötung oder fahrlässigen Körperverletzung in Abschnitt A oder B ist die Einordnung des der Tat zugrunde liegenden Verkehrsverstoßes maßgebend.

4 Für die Einordnung einer fahrlässigen Tötung oder fahrlässigen Körperverletzung in Abschnitt A oder B ist die Einordnung des der Tat zugrunde liegenden Verkehrsverstoßes maßgebend.

VI. FeV-Anlage 13 (zu § 40)

Bezeichnung und Bewertung der im Rahmen des Fahreignungs-Bewertungssystems zu berücksichtigenden Straftaten und Ordnungswidrigkeiten

Im Fahreignungsregister sind nachfolgende Entscheidungen zu speichern und im Fahreignungs-Bewertungssystem wie folgt zu bewerten:

1. mit drei Punkten folgende Straftaten, soweit die Entziehung der Fahrerlaubnis oder eine isolierte Sperre angeordnet worden ist:

laufende Nummer	Straftat	Vorschriften
1.1	Fahrlässige Tötung	§ 222 StGB
1.2	Fahrlässige Körperverletzung	§ 229 StGB
1.3	Nötigung	§ 240 StGB
1.4	Gefährliche Eingriffe in den Straßenverkehr	§ 315b StGB
1.5	Gefährdung des Straßenverkehrs	§ 315c StGB
1.6	Unerlaubtes Entfernen vom Unfallort	§ 142 StGB
1.7	Trunkenheit im Verkehr	§ 316 StGB
1.8	Vollrausch	§ 323a StGB
1.9	Unterlassene Hilfeleistung	§ 323c StGB
1.10	Führen oder Anordnen oder Zulassen des Führens eines Kraftfahrzeugs ohne Fahrerlaubnis, trotz Fahrverbots oder trotz Verwahrung, Sicherstellung oder Beschlagnahme des Führerscheins	§ 21 StVG
1.11	Kennzeichenmissbrauch	§ 22 StVG

2. mit zwei Punkten:

2.1 folgende Straftaten, soweit sie nicht von Nummer 1 erfasst sind:

laufende Nummer	Straftat	Vorschriften
2.1.1	Fahrlässige Tötung, soweit ein Fahrverbot angeordnet worden ist	§ 222 StGB
2.1.2	Fahrlässige Körperverletzung, soweit ein Fahrverbot angeordnet worden ist	§ 229 StGB
2.1.3	Nötigung, soweit ein Fahrverbot angeordnet worden ist	§ 240 StGB
2.1.4	Gefährliche Eingriffe in den Straßenverkehr	§ 315b StGB
2.1.5	Gefährdung des Straßenverkehrs	§ 315c StGB
2.1.6	Unerlaubtes Entfernen vom Unfallort	§ 142 StGB
2.1.7	Trunkenheit im Verkehr	§ 316 StGB

FeV-Anlage 13

laufende Nummer	Straftat	Vorschriften
2.1.8	Vollrausch, soweit ein Fahrverbot angeordnet worden ist	§ 323a StGB
2.1.9	Unterlassene Hilfeleistung, soweit ein Fahrverbot angeordnet worden ist	§ 323c StGB
2.1.10	Führen oder Anordnen oder Zulassen des Führens eines Kraftfahrzeugs ohne Fahrerlaubnis, trotz Fahrverbots oder trotz Verwahrung, Sicherstellung oder Beschlagnahme des Führerscheins	§ 21 StVG
2.1.11	Kennzeichenmissbrauch, soweit ein Fahrverbot angeordnet worden ist	§ 22 StVG

2.2 folgende besonders verkehrssicherheitsbeeinträchtigende Ordnungswidrigkeiten:

laufende Nummer	Ordnungswidrigkeit	laufende Nummer der Anlage zur Bußgeldkatalog-Verordnung (BKat)*
2.2.1	Kraftfahrzeug geführt mit einer Atemalkoholkonzentration von 0,25 mg/l oder mehr oder mit einer Blutalkoholkonzentration von 0,5 Promille oder mehr oder mit einer Alkoholmenge im Körper, die zu einer solchen Atem- oder Blutalkoholkonzentration führt	241, 241.1, 241.2
2.2.2	Kraftfahrzeug unter der Wirkung eines in der Anlage zu § 24a Absatz 2 des Straßenverkehrsgesetzes genannten berauschenden Mittels geführt	242, 242.1, 242.2
2.2.3	Zulässige Höchstgeschwindigkeit überschritten	9.1 bis 9.3, 11.1 bis 11.3 jeweils in Verbindung mit 11.1.6 bis 11.1.10 der Tabelle 1 des Anhangs (11.1.6 nur innerhalb geschlossener Ortschaften), 11.2.5 bis 11.2.10 der Tabelle 1 des Anhangs (11.2.5 nur innerhalb geschlossener Ortschaften) oder 11.3.6 bis 11.3.10 der Tabelle 1 des Anhangs (11.3.6 nur innerhalb geschlossener Ortschaften)
2.2.4	Erforderlichen Abstand von einem vorausfahrenden Fahrzeug nicht eingehalten	12.6 in Verbindung mit 12.6.3, 12.6.4 oder 12.6.5 der Tabelle 2 des Anhangs sowie 12.7 in Verbindung mit 12.7.3, 12.7.4 oder 12.7.5 der Tabelle 2 des Anhangs
2.2.5	Überholvorschriften nicht eingehalten	19.1.1, 19.1.2, 21.1, 21.2
2.2.6	Auf der durchgehenden Fahrbahn von Autobahnen oder Kraftfahrstraßen gewendet, rückwärts oder entgegen der Fahrtrichtung gefahren	83.3
2.2.7	Als Fahrzeugführer Bahnübergang unter Verstoß gegen die Wartepflicht oder trotz geschlossener Schranke oder Halbschranke überquert	89b.2, 244

---

* Bußgeldkatalog.

FeV-Anlage 13

laufende Nummer	Ordnungswidrigkeit	laufende Nummer der Anlage zur Bußgeldkatalog-Verordnung (BKat)*
2.2.8	Als Fahrzeugführer rotes Wechsellichtzeichen oder rotes Dauerlichtzeichen nicht befolgt bei Gefährdung, mit Sachbeschädigung oder bei schon länger als einer Sekunde andauernder Rotphase eines Wechsellichtzeichens	132.1, 132.2, 132.3, 132.3.1, 132.3.2
2.2.9	Als Kraftfahrzeugführer an einem Kraftfahrzeugrennen teilgenommen	248

3. mit einem Punkt folgende verkehrssicherheitsbeeinträchtigende Ordnungswidrigkeiten:

3.1 folgende Verstöße gegen die Vorschriften des Straßenverkehrsgesetzes:

laufende Nummer	Verstöße gegen die Vorschriften	laufende Nummer des BKat*
3.1.1	des § 24c des Straßenverkehrsgesetzes	243

3.2 folgende Verstöße gegen die Vorschriften der Straßenverkehrs-Ordnung:

laufende Nummer	Verstöße gegen die Vorschriften über	laufende Nummer des BKat*
3.2.1	die Straßenbenutzung durch Fahrzeuge	4.1, 4.2, 5a, 5a.1, 6
3.2.2	die Geschwindigkeit	8.1, 9, 10, 11 in Verbindung mit 11.1.3, 11.1.4, 11.1.5, 11.1.6 der Tabelle 1 des Anhangs (11.1.6 nur außerhalb geschlossener Ortschaften), 11.2.2, 11.2.3, 11.2.4, 11.2.5 der Tabelle 1 des Anhangs (11.2.2 nur innerhalb, 11.2.5 nur außerhalb geschlossener Ortschaften), 11.3.4, 11.3.5, 11.3.6 der Tabelle 1 des Anhangs (11.3.6 nur außerhalb geschlossener Ortschaften)
3.2.3	den Abstand	12.5 in Verbindung mit 12.5.1, 12.5.2, 12.5.3, 12.5.4 oder 12.5.5 der Tabelle 2 des Anhangs, 12.6 in Verbindung mit 12.6.1 oder 12.6.2 der Tabelle 2 des Anhangs, 12.7 in Verbindung mit 12.7.1 oder 12.7.2 der Tabelle 2 des Anhangs, 15
3.2.4	das Überholen	17, 18, 19, 19.1, 153a, 21, 22

---

* Bußgeldkatalog.

FeV-Anlage 13

laufende Nummer	Verstöße gegen die Vorschriften über	laufende Nummer des BKat*
3.2.5	die Vorfahrt	34
3.2.6	das Abbiegen, Wenden und Rückwärtsfahren	39.1, 41, 42.1, 44
3.2.7	Park- oder Halteverbote mit Behinderung von Rettungsfahrzeugen	51b.3, 53.1
3.2.8	das Liegenbleiben von Fahrzeugen	66
3.2.9	die Beleuchtung	76
3.2.10	die Benutzung von Autobahnen und Kraftfahrstraßen	79, 80.1, 82, 83.1, 83.2, 85, 87a, 88
3.2.11	das Verhalten an Bahnübergängen	89, 89a, 89b.1, 245
3.2.12	das Verhalten an öffentlichen Verkehrsmitteln und Schulbussen	92.1, 92.2, 93, 95.1, 95.2
3.2.13	die Personenbeförderung, die Sicherungspflichten	99.1, 99.2
3.2.14	die Ladung	102.1, 102.1.1, 102.2.1, 104
3.2.15	die sonstigen Pflichten des Fahrzeugführers	108, 246.1, 247
3.2.16	das Verhalten am Fußgängerüberweg	113
3.2.17	die übermäßige Straßenbenutzung	116
3.2.18	Verkehrshindernisse	123
3.2.19	das Verhalten gegenüber Zeichen oder Haltgebot eines Polizeibeamten sowie an Wechsellichtzeichen, Dauerlichtzeichen und Grünpfeil	129, 132, 132a, 132a.1, 132a.2, 132a.3, 132a.3.1, 132a.3.2, 133.1, 133.2, 133.3.1, 133.3.2
3.2.20	Vorschriftzeichen	150, 151.1, 151.2, 152, 152.1
3.2.21	Richtzeichen	157.3, 159b
3.2.22	andere verkehrsrechtliche Anordnungen	164
3.2.23	Auflagen	166

3.3 folgende Verstöße gegen die Vorschriften der Fahrerlaubnis-Verordnung:

laufende Nummer	Verstöße gegen die Vorschriften über	laufende Nummer des BKat*
3.3.1	die Fahrerlaubnis zur Fahrgastbeförderung	171, 172
3.3.2	das Führen von Kraftfahrzeugen ohne Begleitung	251a

* Bußgeldkatalog.

FeV-Anlage 13

3.4 folgende Verstöße gegen die Vorschriften der Fahrzeug-Zulassungsverordnung:

laufende Nummer	Verstöße gegen die Vorschriften über	laufende Nummer des BKat[*]
3.4.1	die Zulassung	175
3.4.2	ein Betriebsverbot und Beschränkungen	253

3.5 folgende Verstöße gegen die Vorschriften der Straßenverkehrs-Zulassungs-Ordnung:

laufende Nummer	Verstöße gegen die Vorschriften über	laufende Nummer des BKat[*]
3.5.1	die Untersuchung der Kraftfahrzeuge und Anhänger	186.1.3, 186.1.4, 186.2.3, 187a
3.5.2	die Verantwortung für den Betrieb der Fahrzeuge	189.1.1, 189.1.2, 189.2.1, 189.2.2, 189.3.1, 189.3.2, 189a.1, 189a.2
3.5.3	die Abmessungen von Fahrzeugen und Fahrzeugkombinationen	192, 193
3.5.4	die Kurvenlaufeigenschaften von Fahrzeugen	195, 196
3.5.5	die Achslast, das Gesamtgewicht, die Anhängelast hinter Kraftfahrzeugen	198 und 199 jeweils in Verbindung mit 198.1.2 bis 198.1.7, 199.1.2 bis 199.1.6, 198.2.4 oder 199.2.4, 198.2.5 oder 199.2.5, 198.2.6 oder 199.2.6 der Tabelle 3 des Anhangs
3.5.6	die Besetzung von Kraftomnibussen	201, 202
3.5.7	Bereifung und Laufflächen	212, 213
3.5.8	die sonstigen Pflichten für den verkehrssicheren Zustand des Fahrzeugs	214.1, 214.2, 214a.1, 214a.2
3.5.9	die Stützlast	217
3.5.10	den Geschwindigkeitsbegrenzer	223, 224
3.5.11	Auflagen	233

---

[*] Bußgeldkatalog.

FeV-Anlage 13

3.6 folgende Verstöße gegen die Vorschriften der Gefahrgutverordnung Straße, Eisenbahn und Binnenschifffahrt (GGVSEB):

laufende Nummer	Beschreibung der Zuwiderhandlung	gesetzliche Grundlage
3.6.1	Als tatsächlicher Verlader Versandstücke, die gefährliche Güter enthalten, und unverpackte gefährliche Gegenstände nicht durch geeignete Mittel gesichert, die in der Lage sind, die Güter im Fahrzeug oder Container zurückzuhalten, sowie, wenn gefährliche Güter zusammen mit anderen Gütern befördert werden, nicht alle Güter in den Fahrzeugen oder Containern so gesichert oder verpackt, dass das Austreten gefährlicher Güter verhindert wird.	Unterabschnitt 7.5.7.1 ADR i.V.m. § 37 Absatz 1 Nummer 21 Buchstabe a GGVSEB
3.6.2	Als Fahrzeugführer Versandstücke, die gefährliche Güter enthalten, und unverpackte gefährliche Gegenstände nicht durch geeignete Mittel gesichert, die in der Lage sind, die Güter im Fahrzeug oder Container zurückzuhalten, sowie, wenn gefährliche Güter zusammen mit anderen Gütern befördert werden, nicht alle Güter in den Fahrzeugen oder Containern so gesichert oder verpackt, dass das Austreten gefährlicher Güter verhindert wird.	Unterabschnitt 7.5.7.1 ADR i.V.m. § 37 Absatz 1 Nummer 21 Buchstabe a GGVSEB
3.6.3	Als Beförderer und in der Funktion als Halter des Fahrzeugs entgegen § 19 Absatz 2 Nummer 15 GGVSEB dem Fahrzeugführer die erforderliche Ausrüstung zur Durchführung der Ladungssicherung nicht übergeben	Unterabschnitt 7.5.7.1 ADR i.V.m. § 37 Absatz 1 Nummer 6 Buchstabe o GGVSEB

VII. OWiG

Gesetz über Ordnungswidrigkeiten (OWiG)

– Auszug aus der ab 1.5.2014 geltenden Fassung –

Erster Teil
Allgemeine Vorschriften

(...)

Dritter Abschnitt
Geldbuße

§ 17 Höhe der Geldbuße

(1) Die Geldbuße beträgt mindestens fünf Euro und, wenn das Gesetz nichts anderes bestimmt, höchstens eintausend Euro.

(2) Droht das Gesetz für vorsätzliches und fahrlässiges Handeln Geldbuße an, ohne im Höchstmaß zu unterscheiden, so kann fahrlässiges Handeln im Höchstmaß nur mit der Hälfte des angedrohten Höchstbetrages der Geldbuße geahndet werden.

(3) Grundlage für die Zumessung der Geldbuße sind die Bedeutung der Ordnungswidrigkeit und der Vorwurf, der den Täter trifft. Auch die wirtschaftlichen Verhältnisse des Täters kommen in Betracht; bei geringfügigen Ordnungswidrigkeiten bleiben sie jedoch in der Regel unberücksichtigt.

(4) Die Geldbuße soll den wirtschaftlichen Vorteil, den der Täter aus der Ordnungswidrigkeit gezogen hat, übersteigen. Reicht das gesetzliche Höchstmaß hierzu nicht aus, so kann es überschritten werden.

(...)

Zweiter Teil
Bußgeldverfahren

Dritter Abschnitt
Vorverfahren

(...)

II. Verwarnungsverfahren

§ 56 Verwarnung durch die Verwaltungsbehörde

(1) Bei geringfügigen Ordnungswidrigkeiten kann die Verwaltungsbehörde den Betroffenen verwarnen und ein Verwarnungsgeld von fünf bis fünfundfünfzig Euro erheben. Sie kann eine Verwarnung ohne Verwarnungsgeld erteilen.

(2) Die Verwarnung nach Absatz 1 Satz 1 ist nur wirksam, wenn der Betroffene nach Belehrung über sein Weigerungsrecht mit ihr einverstanden ist und das Verwarnungsgeld entsprechend der Bestimmung der Verwaltungsbehörde entweder sofort zahlt oder innerhalb einer Frist, die eine Woche betragen soll, bei der hierfür bezeichneten Stelle oder bei der Post zur Überweisung an diese Stelle einzahlt. Eine solche Frist soll bewilligt werden, wenn der Betroffene das Verwarnungsgeld nicht sofort zahlen kann oder wenn es höher ist als zehn Euro.

(3) Über die Verwarnung nach Absatz 1 Satz 1, die Höhe des Verwarnungsgeldes und die Zahlung oder die etwa bestimmte Zahlungsfrist wird eine Bescheinigung erteilt. Kosten (Gebühren und Auslagen) werden nicht erhoben.

(4) Ist die Verwarnung nach Absatz 1 Satz 1 wirksam, so kann die Tat nicht mehr unter den tatsächlichen und rechtlichen Gesichtspunkten verfolgt werden, unter denen die Verwarnung erteilt worden ist.

§ 57 Verwarnung durch Beamte des Außen- und Polizeidienstes

(1) Personen, die ermächtigt sind, die Befugnis nach § 56 für die Verwaltungsbehörde im Außendienst wahrzunehmen, haben sich entsprechend auszuweisen.

(2) Die Befugnis nach § 56 steht auch den hierzu ermächtigten Beamten des Polizeidienstes zu, die eine Ordnungswidrigkeit entdecken oder im ersten Zugriff verfolgen und sich durch ihre Dienstkleidung oder in anderer Weise ausweisen.

§ 58 Ermächtigung zur Erteilung der Verwarnung

(1) Die Ermächtigung nach § 57 Abs. 2 erteilt die oberste Dienstbehörde des Beamten oder die von ihr bestimmte Stelle. Die oberste Dienstbehörde soll sich wegen der Frage, bei welchen Ordnungswidrigkeiten Ermächtigungen erteilt werden sollen, mit der zuständigen Behörde ins Benehmen setzen. Zuständig ist bei Ordnungswidrigkeiten, für deren Verfolgung und Ahndung eine Verwaltungsbehörde des Bundes zuständig ist, das fachlich zuständige Bundesministerium, sonst die fachlich zuständige oberste Landesbehörde.

(2) Soweit bei bestimmten Ordnungswidrigkeiten im Hinblick auf ihre Häufigkeit und Gleichartigkeit eine möglichst gleichmäßige Behandlung angezeigt ist, sollen allgemeine Ermächtigungen an Verwaltungsangehörige und Beamte des Polizeidienstes zur Erteilung einer Verwarnung nähere Bestimmungen darüber enthalten, in welchen Fällen und unter welchen Voraussetzungen die Verwarnung erteilt und in welcher Höhe das Verwarnungsgeld erhoben werden soll.

(...)

VIII. StGB

Strafgesetzbuch (StGB)

– Auszug aus der ab 1.5.2014 geltenden Fassung –

Allgemeiner Teil

(...)

Dritter Abschnitt
Rechtsfolgen der Tat

Erster Titel
Strafen

(...)

Nebenstrafe

§ 44 Fahrverbot

(1) Wird jemand wegen einer Straftat, die er bei oder im Zusammenhang mit dem Führen eines Kraftfahrzeugs oder unter Verletzung der Pflichten eines Kraftfahrzeugführers begangen hat, zu einer Freiheitsstrafe oder einer Geldstrafe verurteilt, so kann ihm das Gericht für die Dauer von einem Monat bis zu drei Monaten verbieten, im Straßenverkehr Kraftfahrzeuge jeder oder einer bestimmten Art zu führen. Ein Fahrverbot ist in der Regel anzuordnen, wenn in den Fällen einer Verurteilung nach § 315c Abs. 1 Nr. 1 Buchstabe a, Abs. 3 oder § 316 die Entziehung der Fahrerlaubnis nach § 69 unterbleibt.

(2) Das Fahrverbot wird mit der Rechtskraft des Urteils wirksam. Für seine Dauer werden von einer deutschen Behörde ausgestellte nationale und internationale Führerscheine amtlich verwahrt. Dies gilt auch, wenn der Führerschein von einer Behörde eines Mitgliedstaates der Europäischen Union oder eines anderen Vertragsstaates des Abkommens über den Europäischen Wirtschaftsraum ausgestellt worden ist, sofern der Inhaber seinen ordentlichen Wohnsitz im Inland hat. In anderen ausländischen Führerscheinen wird das Fahrverbot vermerkt.

(3) Ist ein Führerschein amtlich zu verwahren oder das Fahrverbot in einem ausländischen Führerschein zu vermerken, so wird die Verbotsfrist erst von dem Tage an gerechnet, an dem dies geschieht. In die Verbotsfrist wird die Zeit nicht eingerechnet, in welcher der Täter auf behördliche Anordnung in einer Anstalt verwahrt worden ist.

(...)

Sechster Titel
Maßregeln der Besserung und Sicherung

(...)

Entziehung der Fahrerlaubnis

§ 69 Entziehung der Fahrerlaubnis

(1) Wird jemand wegen einer rechtswidrigen Tat, die er bei oder im Zusammenhang mit dem Führen eines Kraftfahrzeugs oder unter Verletzung der Pflichten eines Kraftfahrzeugführers begangen hat, verurteilt

oder nur deshalb nicht verurteilt, weil seine Schuldunfähigkeit erwiesen oder nicht auszuschließen ist, so entzieht ihm das Gericht die Fahrerlaubnis, wenn sich aus der Tat ergibt, daß er zum Führen von Kraftfahrzeugen ungeeignet ist. Einer weiteren Prüfung nach § 62 bedarf es nicht.

(2) Ist die rechtswidrige Tat in den Fällen des Absatzes 1 ein Vergehen
1. der Gefährdung des Straßenverkehrs (§ 315c),
2. der Trunkenheit im Verkehr (§ 316),
3. des unerlaubten Entfernens vom Unfallort (§ 142), obwohl der Täter weiß oder wissen kann, daß bei dem Unfall ein Mensch getötet oder nicht unerheblich verletzt worden oder an fremden Sachen bedeutender Schaden entstanden ist, oder
4. des Vollrausches (§ 323a), der sich auf eine der Taten nach den Nummern 1 bis 3 bezieht,

so ist der Täter in der Regel als ungeeignet zum Führen von Kraftfahrzeugen anzusehen.

(3) Die Fahrerlaubnis erlischt mit der Rechtskraft des Urteils. Ein von einer deutschen Behörde ausgestellter Führerschein wird im Urteil eingezogen.

§ 69a Sperre für die Erteilung einer Fahrerlaubnis

(1) Entzieht das Gericht die Fahrerlaubnis, so bestimmt es zugleich, daß für die Dauer von sechs Monaten bis zu fünf Jahren keine neue Fahrerlaubnis erteilt werden darf (Sperre). Die Sperre kann für immer angeordnet werden, wenn zu erwarten ist, daß die gesetzliche Höchstfrist zur Abwehr der von dem Täter drohenden Gefahr nicht ausreicht. Hat der Täter keine Fahrerlaubnis, so wird nur die Sperre angeordnet.

(2) Das Gericht kann von der Sperre bestimmte Arten von Kraftfahrzeugen ausnehmen, wenn besondere Umstände die Annahme rechtfertigen, daß der Zweck der Maßregel dadurch nicht gefährdet wird.

(3) Das Mindestmaß der Sperre beträgt ein Jahr, wenn gegen den Täter in den letzten drei Jahren vor der Tat bereits einmal eine Sperre angeordnet worden ist.

(4) War dem Täter die Fahrerlaubnis wegen der Tat vorläufig entzogen § 111a der Strafprozeßordnung), so verkürzt sich das Mindestmaß der Sperre um die Zeit, in der die vorläufige Entziehung wirksam war. Es darf jedoch drei Monate nicht unterschreiten.

(5) Die Sperre beginnt mit der Rechtskraft des Urteils. In die Frist wird die Zeit einer wegen der Tat angeordneten vorläufigen Entziehung eingerechnet, soweit sie nach Verkündung des Urteils verstrichen ist, in dem die der Maßregel zugrunde liegenden tatsächlichen Feststellungen letztmals geprüft werden konnten.

(6) Im Sinne der Absätze 4 und 5 steht der vorläufigen Entziehung der Fahrerlaubnis die Verwahrung, Sicherstellung oder Beschlagnahme des Führerscheins § 94 der Strafprozeßordnung) gleich.

(7) Ergibt sich Grund zu der Annahme, daß der Täter zum Führen von Kraftfahrzeugen nicht mehr ungeeignet ist, so kann das Gericht die Sperre vorzeitig aufheben. Die Aufhebung ist frühestens zulässig, wenn die Sperre drei Monate, in den Fällen des Absatzes 3 ein Jahr gedauert hat; Absatz 5 Satz 2 und Absatz 6 gelten entsprechend.

§ 69b Wirkung der Entziehung bei einer ausländischen Fahrerlaubnis

(1) Darf der Täter auf Grund einer im Ausland erteilten Fahrerlaubnis im Inland Kraftfahrzeuge führen, ohne daß ihm von einer deutschen Behörde eine Fahrerlaubnis erteilt worden ist, so hat die Entziehung der Fahrerlaubnis die Wirkung einer Aberkennung des Rechts, von der Fahrerlaubnis im Inland Gebrauch zu machen. Mit der Rechtskraft der Entscheidung erlischt das Recht zum Führen von Kraftfahrzeugen im Inland. Während der Sperre darf weder das Recht, von der ausländischen Fahrerlaubnis wieder Gebrauch zu machen, noch eine inländische Fahrerlaubnis erteilt werden.

(2) Ist der ausländische Führerschein von einer Behörde eines Mitgliedstaates der Europäischen Union oder eines anderen Vertragsstaates des Abkommens über den Europäischen Wirtschaftsraum ausgestellt worden und hat der Inhaber seinen ordentlichen Wohnsitz im Inland, so wird der Führerschein im Urteil eingezogen und an die ausstellende Behörde zurückgesandt. In anderen Fällen werden die Entziehung der Fahrerlaubnis und die Sperre in den ausländischen Führerscheinen vermerkt.

(...)

Besonderer Teil

(...)

Siebenter Abschnitt
Straftaten gegen die öffentliche Ordnung

(...)

§ 142 Unerlaubtes Entfernen vom Unfallort

(1) Ein Unfallbeteiligter, der sich nach einem Unfall im Straßenverkehr vom Unfallort entfernt, bevor er
1. zugunsten der anderen Unfallbeteiligten und der Geschädigten die Feststellung seiner Person, seines Fahrzeugs und der Art seiner Beteiligung durch seine Anwesenheit und durch die Angabe, daß er an dem Unfall beteiligt ist, ermöglicht hat oder
2. eine nach den Umständen angemessene Zeit gewartet hat, ohne daß jemand bereit war, die Feststellungen zu treffen,

wird mit Freiheitsstrafe bis zu drei Jahren oder mit Geldstrafe bestraft.

(2) Nach Absatz 1 wird auch ein Unfallbeteiligter bestraft, der sich
1. nach Ablauf der Wartefrist (Absatz 1 Nr. 2) oder
2. berechtigt oder entschuldigt

vom Unfallort entfernt hat und die Feststellungen nicht unverzüglich nachträglich ermöglicht.

(3) Der Verpflichtung, die Feststellungen nachträglich zu ermöglichen, genügt der Unfallbeteiligte, wenn er den Berechtigten (Absatz 1 Nr. 1) oder einer nahe gelegenen Polizeidienststelle mitteilt, daß er an dem Unfall beteiligt gewesen ist, und wenn er seine Anschrift, seinen Aufenthalt sowie das Kennzeichen und den Standort seines Fahrzeugs angibt und dieses zu unverzüglichen Feststellungen für eine ihm zumutbare Zeit zur Verfügung hält. Dies gilt nicht, wenn er durch sein Verhalten die Feststellungen absichtlich vereitelt.

(4) Das Gericht mildert in den Fällen der Absätze 1 und 2 die Strafe (§ 49 Abs. 1) oder kann von Strafe nach diesen Vorschriften absehen, wenn der Unfallbeteiligte innerhalb von vierundzwanzig Stunden nach einem Unfall außerhalb des fließenden Verkehrs, der ausschließlich nicht bedeutenden Sachschaden zur Folge hat, freiwillig die Feststellungen nachträglich ermöglicht (Absatz 3).

(5) Unfallbeteiligter ist jeder, dessen Verhalten nach den Umständen zur Verursachung des Unfalls beigetragen haben kann.

(...)

Sechzehnter Abschnitt
Straftaten gegen das Leben

(…)

§ 222 Fahrlässige Tötung

Wer durch Fahrlässigkeit den Tod eines Menschen verursacht, wird mit Freiheitsstrafe bis zu fünf Jahren oder mit Geldstrafe bestraft.

(…)

Siebzehnter Abschnitt
Straftaten gegen die körperliche Unversehrtheit

(…)

§ 229 Fahrlässige Körperverletzung

Wer durch Fahrlässigkeit die Körperverletzung einer anderen Person verursacht, wird mit Freiheitsstrafe bis zu drei Jahren oder mit Geldstrafe bestraft.

(…)

Achtzehnter Abschnitt
Straftaten gegen die persönliche Freiheit

(…)

§ 240 Nötigung

(1) Wer einen Menschen rechtswidrig mit Gewalt oder durch Drohung mit einem empfindlichen Übel zu einer Handlung, Duldung oder Unterlassung nötigt, wird mit Freiheitsstrafe bis zu drei Jahren oder mit Geldstrafe bestraft.

(2) Rechtswidrig ist die Tat, wenn die Anwendung der Gewalt oder die Androhung des Übels zu dem angestrebten Zweck als verwerflich anzusehen ist.

(3) Der Versuch ist strafbar.

(4) In besonders schweren Fällen ist die Strafe Freiheitsstrafe von sechs Monaten bis zu fünf Jahren. Ein besonders schwerer Fall liegt in der Regel vor, wenn der Täter
1. eine andere Person zu einer sexuellen Handlung nötigt,
2. eine Schwangere zum Schwangerschaftsabbruch nötigt oder
3. seine Befugnisse oder seine Stellung als Amtsträger mißbraucht.

(…)

Achtundzwanzigster Abschnitt
Gemeingefährliche Straftaten

(…)

§ 315b Gefährliche Eingriffe in den Straßenverkehr

(1) Wer die Sicherheit des Straßenverkehrs dadurch beeinträchtigt, daß er
1. Anlagen oder Fahrzeuge zerstört, beschädigt oder beseitigt,

2. Hindernisse bereitet oder
3. einen ähnlichen, ebenso gefährlichen Eingriff vornimmt,

und dadurch Leib oder Leben eines anderen Menschen oder fremde Sachen von bedeutendem Wert gefährdet, wird mit Freiheitsstrafe bis zu fünf Jahren oder mit Geldstrafe bestraft.

(2) Der Versuch ist strafbar.

(3) Handelt der Täter unter den Voraussetzungen des § 315 Abs. 3, so ist die Strafe Freiheitsstrafe von einem Jahr bis zu zehn Jahren, in minder schweren Fällen Freiheitsstrafe von sechs Monaten bis zu fünf Jahren.

(4) Wer in den Fällen des Absatzes 1 die Gefahr fahrlässig verursacht, wird mit Freiheitsstrafe bis zu drei Jahren oder mit Geldstrafe bestraft.

(5) Wer in den Fällen des Absatzes 1 fahrlässig handelt und die Gefahr fahrlässig verursacht, wird mit Freiheitsstrafe bis zu zwei Jahren oder mit Geldstrafe bestraft.

§ 315c Gefährdung des Straßenverkehrs

(1) Wer im Straßenverkehr
1. ein Fahrzeug führt, obwohl er
    a) infolge des Genusses alkoholischer Getränke oder anderer berauschender Mittel oder
    b) infolge geistiger oder körperlicher Mängel

    nicht in der Lage ist, das Fahrzeug sicher zu führen, oder
2. grob verkehrswidrig und rücksichtslos
    a) die Vorfahrt nicht beachtet,
    b) falsch überholt oder sonst bei Überholvorgängen falsch fährt,
    c) an Fußgängerüberwegen falsch fährt,
    d) an unübersichtlichen Stellen, an Straßenkreuzungen, Straßeneinmündungen oder Bahnübergängen zu schnell fährt,
    e) an unübersichtlichen Stellen nicht die rechte Seite der Fahrbahn einhält,
    f) auf Autobahnen oder Kraftfahrstraßen wendet, rückwärts oder entgegen der Fahrtrichtung fährt oder dies versucht oder
    g) haltende oder liegengebliebene Fahrzeuge nicht auf ausreichende Entfernung kenntlich macht, obwohl das zur Sicherung des Verkehrs erforderlich ist,

und dadurch Leib oder Leben eines anderen Menschen oder fremde Sachen von bedeutendem Wert gefährdet, wird mit Freiheitsstrafe bis zu fünf Jahren oder mit Geldstrafe bestraft.

(2) In den Fällen des Absatzes 1 Nr. 1 ist der Versuch strafbar.

(3) Wer in den Fällen des Absatzes 1
1. die Gefahr fahrlässig verursacht oder
2. fahrlässig handelt und die Gefahr fahrlässig verursacht,

wird mit Freiheitsstrafe bis zu zwei Jahren oder mit Geldstrafe bestraft.

(…)

§ 316 Trunkenheit im Verkehr

(1) Wer im Verkehr (§§ 315 bis 315d) ein Fahrzeug führt, obwohl er infolge des Genusses alkoholischer Getränke oder anderer berauschender Mittel nicht in der Lage ist, das Fahrzeug sicher zu führen, wird mit Freiheitsstrafe bis zu einem Jahr oder mit Geldstrafe bestraft, wenn die Tat nicht in § 315a oder § 315c mit Strafe bedroht ist.

(2) Nach Absatz 1 wird auch bestraft, wer die Tat fahrlässig begeht.

(…)

§ 323a Vollrausch

(1) Wer sich vorsätzlich oder fahrlässig durch alkoholische Getränke oder andere berauschende Mittel in einen Rausch versetzt, wird mit Freiheitsstrafe bis zu fünf Jahren oder mit Geldstrafe bestraft, wenn er in diesem Zustand eine rechtswidrige Tat begeht und ihretwegen nicht bestraft werden kann, weil er infolge des Rausches schuldunfähig war oder weil dies nicht auszuschließen ist.

(2) Die Strafe darf nicht schwerer sein als die Strafe, die für die im Rausch begangene Tat angedroht ist.

(3) Die Tat wird nur auf Antrag, mit Ermächtigung oder auf Strafverlangen verfolgt, wenn die Rauschtat nur auf Antrag, mit Ermächtigung oder auf Strafverlangen verfolgt werden könnte.

(…)

§ 323c Unterlassene Hilfeleistung

Wer bei Unglücksfällen oder gemeiner Gefahr oder Not nicht Hilfe leistet, obwohl dies erforderlich und ihm den Umständen nach zuzumuten, insbesondere ohne erhebliche eigene Gefahr und ohne Verletzung anderer wichtiger Pflichten möglich ist, wird mit Freiheitsstrafe bis zu einem Jahr oder mit Geldstrafe bestraft.

(…)

IX. StPO

Strafprozeßordnung (StPO)

– Auszug aus der ab 1.5.2014 geltenden Fassung –

Erstes Buch
Allgemeine Vorschriften

(...)

Achter Abschnitt
Beschlagnahme, Überwachung des Fernmeldeverkehrs, Rasterfahndung, Einsatz technischer Mittel, Einsatz Verdeckter Ermittler und Durchsuchung

§ 94 Objekt der Beschlagnahme

(1) Gegenstände, die als Beweismittel für die Untersuchung von Bedeutung sein können, sind in Verwahrung zu nehmen oder in anderer Weise sicherzustellen.

(2) Befinden sich die Gegenstände in dem Gewahrsam einer Person und werden sie nicht freiwillig herausgegeben, so bedarf es der Beschlagnahme.

(3) Die Absätze 1 und 2 gelten auch für Führerscheine, die der Einziehung unterliegen.

(...)

§ 98 Anordnung der Beschlagnahme

(1) Beschlagnahmen dürfen nur durch das Gericht, bei Gefahr im Verzug auch durch die Staatsanwaltschaft und ihre Ermittlungspersonen (§ 152 des Gerichtsverfassungsgesetzes) angeordnet werden. Die Beschlagnahme nach § 97 Abs. 5 Satz 2 in den Räumen einer Redaktion, eines Verlages, einer Druckerei oder einer Rundfunkanstalt darf nur durch das Gericht angeordnet werden.

(2) Der Beamte, der einen Gegenstand ohne gerichtliche Anordnung beschlagnahmt hat, soll binnen drei Tagen die gerichtliche Bestätigung beantragen, wenn bei der Beschlagnahme weder der davon Betroffene noch ein erwachsener Angehöriger anwesend war oder wenn der Betroffene und im Falle seiner Abwesenheit ein erwachsener Angehöriger des Betroffenen gegen die Beschlagnahme ausdrücklichen Widerspruch erhoben hat. Der Betroffene kann jederzeit die gerichtliche Entscheidung beantragen. Die Zuständigkeit des Gerichts bestimmt sich nach § 162. Der Betroffene ist über seine Rechte zu belehren.

(3) Ist nach erhobener öffentlicher Klage die Beschlagnahme durch die Staatsanwaltschaft oder eine ihrer Ermittlungspersonen erfolgt, so ist binnen drei Tagen dem Gericht von der Beschlagnahme Anzeige zu machen; die beschlagnahmten Gegenstände sind ihm zur Verfügung zu stellen.

(4) Wird eine Beschlagnahme in einem Dienstgebäude oder einer nicht allgemein zugänglichen Einrichtung oder Anlage der Bundeswehr erforderlich, so wird die vorgesetzte Dienststelle der Bundeswehr um ihre Durchführung ersucht. Die ersuchende Stelle ist zur Mitwirkung berechtigt. Des Ersuchens bedarf es nicht, wenn die Beschlagnahme in Räumen vorzunehmen ist, die ausschließlich von anderen Personen als Soldaten bewohnt werden.

(...)

StPO

§ 111a Vorläufige Entziehung der Fahrerlaubnis

(1) Sind dringende Gründe für die Annahme vorhanden, daß die Fahrerlaubnis entzogen werden wird (§ 69 des Strafgesetzbuches), so kann der Richter dem Beschuldigten durch Beschluß die Fahrerlaubnis vorläufig entziehen. Von der vorläufigen Entziehung können bestimmte Arten von Kraftfahrzeugen ausgenommen werden, wenn besondere Umstände die Annahme rechtfertigen, daß der Zweck der Maßnahme dadurch nicht gefährdet wird.

(2) Die vorläufige Entziehung der Fahrerlaubnis ist aufzuheben, wenn ihr Grund weggefallen ist oder wenn das Gericht im Urteil die Fahrerlaubnis nicht entzieht.

(3) Die vorläufige Entziehung der Fahrerlaubnis wirkt zugleich als Anordnung oder Bestätigung der Beschlagnahme des von einer deutschen Behörde ausgestellten Führerscheins. Dies gilt auch, wenn der Führerschein von einer Behörde eines Mitgliedstaates der Europäischen Union oder eines anderen Vertragsstaates des Abkommens über den Europäischen Wirtschaftsraum ausgestellt worden ist, sofern der Inhaber seinen ordentlichen Wohnsitz im Inland hat.

(4) Ist ein Führerschein beschlagnahmt, weil er nach § 69 Abs. 3 Satz 2 des Strafgesetzbuches eingezogen werden kann, und bedarf es einer richterlichen Entscheidung über die Beschlagnahme, so tritt an deren Stelle die Entscheidung über die vorläufige Entziehung der Fahrerlaubnis.

(5) Ein Führerschein, der in Verwahrung genommen, sichergestellt oder beschlagnahmt ist, weil er nach § 69 Abs. 3 Satz 2 des Strafgesetzbuches eingezogen werden kann, ist dem Beschuldigten zurückzugeben, wenn der Richter die vorläufige Entziehung der Fahrerlaubnis wegen Fehlens der in Absatz 1 bezeichneten Voraussetzungen ablehnt, wenn er sie aufhebt oder wenn das Gericht im Urteil die Fahrerlaubnis nicht entzieht. Wird jedoch im Urteil ein Fahrverbot nach § 44 des Strafgesetzbuches verhängt, so kann die Rückgabe des Führerscheins aufgeschoben werden, wenn der Beschuldigte nicht widerspricht.

(6) In anderen als in Absatz 3 Satz 2 genannten ausländischen Führerscheinen ist die vorläufige Entziehung der Fahrerlaubnis zu vermerken. Bis zur Eintragung dieses Vermerkes kann der Führerschein beschlagnahmt werden (§ 94 Abs. 3, § 98).

(...)

Zweites Buch
Verfahren im ersten Rechtszug

Erster Abschnitt
Öffentliche Klage

(...)

§ 153a Einstellung bei Erfüllung von Auflagen und Weisungen

(1) Mit Zustimmung des für die Eröffnung des Hauptverfahrens zuständigen Gerichts und des Beschuldigten kann die Staatsanwaltschaft bei einem Vergehen vorläufig von der Erhebung der öffentlichen Klage absehen und zugleich dem Beschuldigten Auflagen und Weisungen erteilen, wenn diese geeignet sind, das öffentliche Interesse an der Strafverfolgung zu beseitigen, und die Schwere der Schuld nicht entgegensteht. Als Auflagen oder Weisungen kommen insbesondere in Betracht,
1. zur Wiedergutmachung des durch die Tat verursachten Schadens eine bestimmte Leistung zu erbringen,
2. einen Geldbetrag zugunsten einer gemeinnützigen Einrichtung oder der Staatskasse zu zahlen,
3. sonst gemeinnützige Leistungen zu erbringen,
4. Unterhaltspflichten in einer bestimmten Höhe nachzukommen,

5. sich ernsthaft zu bemühen, einen Ausgleich mit dem Verletzten zu erreichen (Täter-Opfer-Ausgleich) und dabei seine Tat ganz oder zum überwiegenden Teil wieder gut zu machen oder deren Wiedergutmachung zu erstreben,
6. an einem sozialen Trainingskurs teilzunehmen oder
7. an einem Aufbauseminar nach § 2b Absatz 2 Satz 2 oder an einem Fahreignungsseminar nach § 4a des Straßenverkehrsgesetzes teilzunehmen.

Zur Erfüllung der Auflagen und Weisungen setzt die Staatsanwaltschaft dem Beschuldigten eine Frist, die in den Fällen des Satzes 2 Nummer 1 bis 3, 5 und 7 höchstens sechs Monate, in den Fällen des Satzes 2 Nummer 4 und 6 höchstens ein Jahr beträgt. Die Staatsanwaltschaft kann Auflagen und Weisungen nachträglich aufheben und die Frist einmal für die Dauer von drei Monaten verlängern; mit Zustimmung des Beschuldigten kann sie auch Auflagen und Weisungen nachträglich auferlegen und ändern. Erfüllt der Beschuldigte die Auflagen und Weisungen, so kann die Tat nicht mehr als Vergehen verfolgt werden. Erfüllt der Beschuldigte die Auflagen und Weisungen nicht, so werden Leistungen, die er zu ihrer Erfüllung erbracht hat, nicht erstattet. § 153 Abs. 1 Satz 2 gilt in den Fällen des Satzes 2 Nummer 1 bis 6 entsprechend. § 246a Absatz 2 gilt entsprechend.

(2) Ist die Klage bereits erhoben, so kann das Gericht mit Zustimmung der Staatsanwaltschaft und des Angeschuldigten das Verfahren bis zum Ende der Hauptverhandlung, in der die tatsächlichen Feststellungen letztmals geprüft werden können, vorläufig einstellen und zugleich dem Angeschuldigten die in Absatz 1 Satz 1 und 2 bezeichneten Auflagen und Weisungen erteilen. Absatz 1 Satz 3 bis 6 und 8 gilt entsprechend. Die Entscheidung nach Satz 1 ergeht durch Beschluss. Der Beschluss ist nicht anfechtbar. Satz 4 gilt auch für eine Feststellung, dass gemäß Satz 1 erteilte Auflagen und Weisungen erfüllt worden sind.

(3) Während des Laufes der für die Erfüllung der Auflagen und Weisungen gesetzten Frist ruht die Verjährung.

(4) § 155b findet im Fall des Absatzes 1 Satz 2 Nummer 6, auch in Verbindung mit Absatz 2, entsprechende Anwendung mit der Maßgabe, dass personenbezogene Daten aus dem Sträfverfahren, die nicht den Beschuldigten betreffen, an die mit der Durchführung des sozialen Trainingskurses befasste Stelle nur übermittelt werden dürfen, soweit die betroffenen Personen in die Übermittlung eingewilligt haben. Satz 1 gilt entsprechend, wenn nach sonstigen strafrechtlichen Vorschriften die Weisung erteilt wird, an einem sozialen Trainingskurs teilzunehmen.

(…)

X. StVG

Straßenverkehrsgesetz (StVG)

– Auszug aus der ab 1.5.2014 geltenden Fassung –

I. Verkehrsvorschriften

(...)

§ 2a Fahrerlaubnis auf Probe

(1) Bei erstmaligem Erwerb einer Fahrerlaubnis wird diese auf Probe erteilt; die Probezeit dauert zwei Jahre vom Zeitpunkt der Erteilung an. Bei Erteilung einer Fahrerlaubnis an den Inhaber einer im Ausland erteilten Fahrerlaubnis ist die Zeit seit deren Erwerb auf die Probezeit anzurechnen. Die Regelungen über die Fahrerlaubnis auf Probe finden auch Anwendung auf Inhaber einer gültigen Fahrerlaubnis aus einem Mitgliedstaat der Europäischen Union oder einem anderen Vertragsstaat des Abkommens über den Europäischen Wirtschaftsraum, die ihren ordentlichen Wohnsitz in das Inland verlegt haben. Die Zeit seit dem Erwerb der Fahrerlaubnis ist auf die Probezeit anzurechnen. Die Beschlagnahme, Sicherstellung oder Verwahrung von Führerscheinen nach § 94 der Strafprozessordnung, die vorläufige Entziehung nach § 111a der Strafprozessordnung und die sofort vollziehbare Entziehung durch die Fahrerlaubnisbehörde hemmen den Ablauf der Probezeit. Die Probezeit endet vorzeitig, wenn die Fahrerlaubnis entzogen wird oder der Inhaber auf sie verzichtet. In diesem Fall beginnt mit der Erteilung einer neuen Fahrerlaubnis eine neue Probezeit, jedoch nur im Umfang der Restdauer der vorherigen Probezeit.

(2) Ist gegen den Inhaber einer Fahrerlaubnis wegen einer innerhalb der Probezeit begangenen Straftat oder Ordnungswidrigkeit eine rechtskräftige Entscheidung ergangen, die nach § 28 Absatz 3 Nummer 1 und 3 in das Fahreignungsregister einzutragen ist, so hat, auch wenn die Probezeit zwischenzeitlich abgelaufen oder die Fahrerlaubnis nach § 6e Absatz 2 widerrufen worden ist, die Fahrerlaubnisbehörde
1. seine Teilnahme an einem Aufbauseminar anzuordnen und hierfür eine Frist zu setzen, wenn er eine schwerwiegende oder zwei weniger schwerwiegende Zuwiderhandlungen begangen hat,
2. ihn schriftlich zu verwarnen und ihm nahe zu legen, innerhalb von zwei Monaten an einer verkehrspsychologischen Beratung nach Absatz 7 teilzunehmen, wenn er nach Teilnahme an einem Aufbauseminar innerhalb der Probezeit eine weitere schwerwiegende oder zwei weitere weniger schwerwiegende Zuwiderhandlungen begangen hat,
3. ihm die Fahrerlaubnis zu entziehen, wenn er nach Ablauf der in Nummer 2 genannten Frist innerhalb der Probezeit eine weitere schwerwiegende oder zwei weitere weniger schwerwiegende Zuwiderhandlungen begangen hat.

Die Fahrerlaubnisbehörde ist bei den Maßnahmen nach den Nummern 1 bis 3 an die rechtskräftige Entscheidung über die Straftat oder Ordnungswidrigkeit gebunden.

(2a) Die Probezeit verlängert sich um zwei Jahre, wenn die Teilnahme an einem Aufbauseminar nach Absatz 2 Satz 1 Nr. 1 angeordnet worden ist. Die Probezeit verlängert sich außerdem um zwei Jahre, wenn die Anordnung nur deshalb nicht erfolgt ist, weil die Fahrerlaubnis entzogen worden ist oder der Inhaber der Fahrerlaubnis auf sie verzichtet hat.

(3) Ist der Inhaber einer Fahrerlaubnis einer vollziehbaren Anordnung der zuständigen Behörde nach Absatz 2 Satz 1 Nr. 1 in der festgesetzten Frist nicht nachgekommen, so ist die Fahrerlaubnis zu entziehen.

(4) Die Entziehung der Fahrerlaubnis nach § 3 bleibt unberührt; die zuständige Behörde kann insbesondere auch die Beibringung eines Gutachtens einer amtlich anerkannten Begutachtungsstelle für Fahreignung

anordnen, wenn der Inhaber einer Fahrerlaubnis innerhalb der Probezeit Zuwiderhandlungen begangen hat, die nach den Umständen des Einzelfalls bereits Anlass zu der Annahme geben, dass er zum Führen von Kraftfahrzeugen ungeeignet ist. Hält die Behörde auf Grund des Gutachtens seine Nichteignung nicht für erwiesen, so hat sie die Teilnahme an einem Aufbauseminar anzuordnen, wenn der Inhaber der Fahrerlaubnis an einem solchen Kurs nicht bereits teilgenommen hatte. Absatz 3 gilt entsprechend.

(5) Ist eine Fahrerlaubnis entzogen worden
1. nach § 3 oder nach § 4 Absatz 5 Satz 1 Nummer 3 dieses Gesetzes, weil innerhalb der Probezeit Zuwiderhandlungen begangen wurden, oder nach § 69 oder § 69b des Strafgesetzbuches,
2. nach Absatz 3, weil einer Anordnung zur Teilnahme an einem Aufbauseminar nicht nachgekommen wurde,

oder wurde die Fahrerlaubnis nach § 6e Absatz 2 widerrufen, so darf eine neue Fahrerlaubnis unbeschadet der übrigen Voraussetzungen nur erteilt werden, wenn der Antragsteller nachweist, dass er an einem Aufbauseminar teilgenommen hat. Das Gleiche gilt, wenn der Antragsteller nur deshalb nicht an einem angeordneten Aufbauseminar teilgenommen hat oder die Anordnung nur deshalb nicht erfolgt ist, weil die Fahrerlaubnis aus anderen Gründen entzogen worden ist oder er zwischenzeitlich auf die Fahrerlaubnis verzichtet hat. Ist die Fahrerlaubnis nach Absatz 2 Satz 1 Nr. 3 entzogen worden, darf eine neue Fahrerlaubnis frühestens drei Monate nach Wirksamkeit der Entziehung erteilt werden; die Frist beginnt mit der Ablieferung des Führerscheins. Auf eine mit der Erteilung einer Fahrerlaubnis nach vorangegangener Entziehung gemäß Absatz 1 Satz 7 beginnende neue Probezeit ist Absatz 2 nicht anzuwenden. Die zuständige Behörde hat in diesem Fall in der Regel die Beibringung eines Gutachtens einer amtlich anerkannten Begutachtungsstelle für Fahreignung anzuordnen, sobald der Inhaber einer Fahrerlaubnis innerhalb der neuen Probezeit erneut eine schwerwiegende oder zwei weniger schwerwiegende Zuwiderhandlungen begangen hat.

(6) Widerspruch und Anfechtungsklage gegen die Anordnung des Aufbauseminars nach Absatz 2 Satz 1 Nr. 1 und Absatz 4 Satz 2 sowie die Entziehung der Fahrerlaubnis nach Absatz 2 Satz 1 Nr. 3 und Absatz 3 haben keine aufschiebende Wirkung.

(7) In der verkehrspsychologischen Beratung soll der Inhaber einer Fahrerlaubnis auf Probe veranlasst werden, Mängel in seiner Einstellung zum Straßenverkehr und im verkehrssicheren Verhalten zu erkennen und die Bereitschaft zu entwickeln, diese Mängel abzubauen. Die Beratung findet in Form eines Einzelgesprächs statt. Sie kann durch eine Fahrprobe ergänzt werden, wenn der Berater dies für erforderlich hält. Der Berater soll die Ursachen der Mängel aufklären und Wege zu ihrer Beseitigung aufzeigen. Erkenntnisse aus der Beratung sind nur für den Inhaber einer Fahrerlaubnis auf Probe bestimmt und nur diesem mitzuteilen. Der Inhaber einer Fahrerlaubnis auf Probe erhält jedoch eine Bescheinigung über die Teilnahme zur Vorlage bei der nach Landesrecht zuständigen Behörde. Die Beratung darf nur von einer Person durchgeführt werden, die hierfür amtlich anerkannt ist. Die amtliche Anerkennung ist zu erteilen, wenn der Bewerber
1. persönlich zuverlässig ist,
2. über den Abschluss eines Hochschulstudiums als Diplom-Psychologe oder eines gleichwertigen Masterabschlusses in Psychologie verfügt und
3. eine Ausbildung und Erfahrungen in der Verkehrspsychologie nach näherer Bestimmung durch Rechtsverordnung nach § 6 Absatz 1 Nummer 1 Buchstabe u nachweist.

§ 2b Aufbauseminar bei Zuwiderhandlungen innerhalb der Probezeit

(1) Die Teilnehmer an Aufbauseminaren sollen durch Mitwirkung an Gruppengesprächen und an einer Fahrprobe veranlasst werden, eine risikobewusstere Einstellung im Straßenverkehr zu entwickeln und sich dort sicher und rücksichtsvoll zu verhalten. Auf Antrag kann die anordnende Behörde dem Betroffenen die Teilnahme an einem Einzelseminar gestatten.

StVG

(2) Die Aufbauseminare dürfen nur von Fahrlehrern durchgeführt werden, die Inhaber einer entsprechenden Erlaubnis nach dem Fahrlehrergesetz sind. Besondere Aufbauseminare für Inhaber einer Fahrerlaubnis auf Probe, die unter dem Einfluss von Alkohol oder anderer berauschender Mittel am Verkehr teilgenommen haben, werden nach näherer Bestimmung durch Rechtsverordnung gemäß § 6 Abs. 1 Nr. 1 Buchstabe n von hierfür amtlich anerkannten anderen Seminarleitern durchgeführt.

(3) Ist der Teilnehmer an einem Aufbauseminar nicht Inhaber einer Fahrerlaubnis oder unterliegt er einem rechtskräftig angeordneten Fahrverbot, so gilt hinsichtlich der Fahrprobe § 2 Abs. 15 entsprechend.

§ 2c Unterrichtung der Fahrerlaubnisbehörden durch das Kraftfahrt-Bundesamt

Das Kraftfahrt-Bundesamt hat die zuständige Behörde zu unterrichten, wenn über den Inhaber einer Fahrerlaubnis Entscheidungen in das Fahrerlaubnisregister eingetragen werden, die zu Anordnungen nach § 2a Abs. 2, 4 und 5 führen können. Hierzu übermittelt es die notwendigen Daten aus dem Zentralen Fahrerlaubnisregister sowie den Inhalt der Eintragungen im Fahrerlaubnisregister über die innerhalb der Probezeit begangenen Straftaten und Ordnungswidrigkeiten. Hat bereits eine Unterrichtung nach Satz 1 stattgefunden, so hat das Kraftfahrt-Bundesamt bei weiteren Unterrichtungen auch hierauf hinzuweisen.

§ 3 Entziehung der Fahrerlaubnis

(1) Erweist sich jemand als ungeeignet oder nicht befähigt zum Führen von Kraftfahrzeugen, so hat ihm die Fahrerlaubnisbehörde die Fahrerlaubnis zu entziehen. Bei einer ausländischen Fahrerlaubnis hat die Entziehung – auch wenn sie nach anderen Vorschriften erfolgt – die Wirkung einer Aberkennung des Rechts, von der Fahrerlaubnis im Inland Gebrauch zu machen. § 2 Abs. 7 und 8 gilt entsprechend.

(2) Mit der Entziehung erlischt die Fahrerlaubnis. Bei einer ausländischen Fahrerlaubnis erlischt das Recht zum Führen von Kraftfahrzeugen im Inland. Nach der Entziehung ist der Führerschein der Fahrerlaubnisbehörde abzuliefern oder zur Eintragung der Entscheidung vorzulegen. Die Sätze 1 bis 3 gelten auch, wenn die Fahrerlaubnisbehörde die Fahrerlaubnis auf Grund anderer Vorschriften entzieht.

(3) Solange gegen den Inhaber der Fahrerlaubnis ein Strafverfahren anhängig ist, in dem die Entziehung der Fahrerlaubnis nach § 69 des Strafgesetzbuchs in Betracht kommt, darf die Fahrerlaubnisbehörde den Sachverhalt, der Gegenstand des Strafverfahrens ist, in einem Entziehungsverfahren nicht berücksichtigen. Dies gilt nicht, wenn die Fahrerlaubnis von einer Dienststelle der Bundeswehr, der Bundespolizei oder der Polizei für Dienstfahrzeuge erteilt worden ist.

(4) Will die Fahrerlaubnisbehörde in einem Entziehungsverfahren einen Sachverhalt berücksichtigen, der Gegenstand der Urteilsfindung in einem Strafverfahren gegen den Inhaber der Fahrerlaubnis gewesen ist, so kann sie zu dessen Nachteil vom Inhalt des Urteils insoweit nicht abweichen, als es sich auf die Feststellung des Sachverhalts oder die Beurteilung der Schuldfrage oder der Eignung zum Führen von Kraftfahrzeugen bezieht. Der Strafbefehl und die gerichtliche Entscheidung, durch welche die Eröffnung des Hauptverfahrens oder der Antrag auf Erlass eines Strafbefehls abgelehnt wird, stehen einem Urteil gleich; dies gilt auch für Bußgeldentscheidungen, soweit sich diese auf die Feststellung des Sachverhalts und die Beurteilung der Schuldfrage beziehen.

(5) Die Fahrerlaubnisbehörde darf der Polizei die verwaltungsbehördliche oder gerichtliche Entziehung der Fahrerlaubnis oder das Bestehen eines Fahrverbots übermitteln, soweit dies im Einzelfall für die polizeiliche Überwachung im Straßenverkehr erforderlich ist.

(6) Durch Rechtsverordnung gemäß § 6 Abs. 1 Nr. 1 Buchstabe r können Fristen und Bedingungen
1. für die Erteilung einer neuen Fahrerlaubnis nach vorangegangener Entziehung oder nach vorangegangenem Verzicht,

StVG

2. für die Erteilung des Rechts an Personen mit ordentlichem Wohnsitz im Ausland, nach vorangegangener Entziehung von einer ausländischen Fahrerlaubnis im Inland wieder Gebrauch zu machen,

bestimmt werden.

§ 4 Fahreignungs-Bewertungssystem

(1) Zum Schutz vor Gefahren, die von Inhabern einer Fahrerlaubnis ausgehen, die wiederholt gegen die die Sicherheit des Straßenverkehrs betreffenden straßenverkehrsrechtlichen oder gefahrgutbeförderungsrechtlichen Vorschriften verstoßen, hat die nach Landesrecht zuständige Behörde die in Absatz 5 genannten Maßnahmen (Fahreignungs-Bewertungssystem) zu ergreifen. Den in Satz 1 genannten Vorschriften stehen jeweils Vorschriften gleich, die dem Schutz
1. von Maßnahmen zur Rettung aus Gefahren für Leib und Leben von Menschen oder
2. zivilrechtlicher Ansprüche Unfallbeteiligter

dienen. Das Fahreignungs-Bewertungssystem ist nicht anzuwenden, wenn sich die Notwendigkeit früherer oder anderer die Fahreignung betreffender Maßnahmen nach den Vorschriften über die Entziehung der Fahrerlaubnis nach § 3 Absatz 1 oder einer auf Grund § 6 Absatz 1 Nummer 1 erlassenen Rechtsverordnung ergibt. Das Fahreignungs-Bewertungssystem und die Regelungen über die Fahrerlaubnis auf Probe sind nebeneinander anzuwenden.

(2) Für die Anwendung des Fahreignungs-Bewertungssystems sind die in einer Rechtsverordnung nach § 6 Absatz 1 Nummer 1 Buchstabe s bezeichneten Straftaten und Ordnungswidrigkeiten maßgeblich. Sie werden nach Maßgabe der in Satz 1 genannten Rechtsverordnung wie folgt bewertet:
1. Straftaten mit Bezug auf die Verkehrssicherheit oder gleichgestellte Straftaten, sofern in der Entscheidung über die Straftat die Entziehung der Fahrerlaubnis nach den §§ 69 und 69b des Strafgesetzbuches oder eine Sperre nach § 69a Absatz 1 Satz 3 des Strafgesetzbuches angeordnet worden ist, mit drei Punkten,
2. Straftaten mit Bezug auf die Verkehrssicherheit oder gleichgestellte Straftaten, sofern sie nicht von Nummer 1 erfasst sind, und besonders verkehrssicherheitsbeeinträchtigende oder gleichgestellte Ordnungswidrigkeiten jeweils mit zwei Punkten und
3. verkehrssicherheitsbeeinträchtigende oder gleichgestellte Ordnungswidrigkeiten mit einem Punkt.

Punkte ergeben sich mit der Begehung der Straftat oder Ordnungswidrigkeit, sofern sie rechtskräftig geahndet wird. Soweit in Entscheidungen über Straftaten oder Ordnungswidrigkeiten auf Tateinheit entschieden worden ist, wird nur die Zuwiderhandlung mit der höchsten Punktzahl berücksichtigt.

(3) Wird eine Fahrerlaubnis erteilt, dürfen Punkte für vor der Erteilung rechtskräftig gewordene Entscheidungen über Zuwiderhandlungen nicht mehr berücksichtigt werden. Diese Punkte werden gelöscht. Die Sätze 1 und 2 gelten auch, wenn
1. die Fahrerlaubnis entzogen,
2. eine Sperre nach § 69a Absatz 1 Satz 3 des Strafgesetzbuches angeordnet oder
3. auf die Fahrerlaubnis verzichtet

worden ist und die Fahrerlaubnis danach neu erteilt wird. Die Sätze 1 und 2 gelten nicht bei
1. Entziehung der Fahrerlaubnis nach § 2a Absatz 3,
2. Verlängerung einer Fahrerlaubnis oder
3. Erteilung nach Erlöschen einer befristet erteilten Fahrerlaubnis.

(4) Inhaber einer Fahrerlaubnis mit einem Punktestand von einem Punkt bis zu drei Punkten sind mit der Speicherung der zugrunde liegenden Entscheidungen nach § 28 Absatz 3 Nummer 1 oder 3 für die Zwecke des Fahreignungs-Bewertungssystems vorgemerkt.

StVG

(5) Die nach Landesrecht zuständige Behörde hat gegenüber den Inhabern einer Fahrerlaubnis folgende Maßnahmen stufenweise zu ergreifen, sobald sich in der Summe folgende Punktestände ergeben:
1. Ergeben sich vier oder fünf Punkte, ist der Inhaber einer Fahrerlaubnis beim Erreichen eines dieser Punktestände schriftlich zu ermahnen;
2. ergeben sich sechs oder sieben Punkte, ist der Inhaber einer Fahrerlaubnis beim Erreichen eines dieser Punktestände schriftlich zu verwarnen;
3. ergeben sich acht oder mehr Punkte, gilt der Inhaber einer Fahrerlaubnis als ungeeignet zum Führen von Kraftfahrzeugen und die Fahrerlaubnis ist zu entziehen.

Die Ermahnung nach Satz 1 Nummer 1 und die Verwarnung nach Satz 1 Nummer 2 enthalten daneben den Hinweis, dass ein Fahreignungsseminar nach § 4a freiwillig besucht werden kann, um das Verkehrsverhalten zu verbessern; im Fall der Verwarnung erfolgt zusätzlich der Hinweis, dass hierfür kein Punktabzug gewährt wird. In der Verwarnung nach Satz 1 Nummer 2 ist darüber zu unterrichten, dass bei Erreichen von acht Punkten die Fahrerlaubnis entzogen wird. Die nach Landesrecht zuständige Behörde ist bei den Maßnahmen nach Satz 1 an die rechtskräftige Entscheidung über die Straftat oder die Ordnungswidrigkeit gebunden. Sie hat für das Ergreifen der Maßnahmen nach Satz 1 auf den Punktestand abzustellen, der sich zum Zeitpunkt der Begehung der letzten zur Ergreifung der Maßnahme führenden Straftat oder Ordnungswidrigkeit ergeben hat. Bei der Berechnung des Punktestandes werden nur die Zuwiderhandlungen berücksichtigt, deren Tilgungsfrist zu dem in Satz 5 genannten Zeitpunkt noch nicht abgelaufen war. Spätere Verringerungen des Punktestandes auf Grund von Tilgungen bleiben unberücksichtigt.

(6) Ergibt sich ein Punktestand, auf Grund dessen die nach Landesrecht zuständige Behörde Maßnahmen nach Absatz 5 Satz 1 Nummer 2 oder 3 zu ergreifen hat, darf sie diese Maßnahmen nur ergreifen, wenn die jeweils davor liegende Maßnahme nach Absatz 5 Satz 1 Nummer 1 oder 2 bereits zuvor ergriffen worden ist. Erreicht oder überschreitet der Inhaber einer Fahrerlaubnis sechs oder acht Punkte, ohne dass die nach Landesrecht zuständige Behörde die Maßnahme nach Absatz 5 Satz 1 Nummer 1 ergriffen hat, verringert sich der Punktestand auf fünf Punkte. Erreicht oder überschreitet der Inhaber einer Fahrerlaubnis acht Punkte, ohne dass die nach Landesrecht zuständige Behörde die Maßnahme nach Absatz 5 Satz 1 Nummer 2 ergriffen hat, verringert sich der Punktestand auf sieben Punkte. Spätere Verringerungen auf Grund von Tilgungen werden von dem sich nach den Sätzen 2 oder 3 ergebenden Punktestand abgezogen.

(7) Nehmen Inhaber einer Fahrerlaubnis freiwillig an einem Fahreignungsseminar teil und legen sie hierüber der nach Landesrecht zuständigen Behörde innerhalb von zwei Wochen nach Beendigung des Seminars eine Teilnahmebescheinigung vor, wird ihnen bei einem Punktestand von ein bis fünf Punkten ein Punkt abgezogen; maßgeblich ist der Punktestand zum Zeitpunkt der Ausstellung der Teilnahmebescheinigung. Der Besuch eines Fahreignungsseminars führt jeweils nur einmal innerhalb von fünf Jahren zu einem Punktabzug. Für den zu verringernden Punktestand und die Berechnung der Fünfjahresfrist ist jeweils das Ausstellungsdatum der Teilnahmebescheinigung maßgeblich.

(8) Zur Vorbereitung der Maßnahmen nach Absatz 5 hat das Kraftfahrt-Bundesamt bei Erreichen der jeweiligen Punktestände nach Absatz 5, auch in Verbindung mit den Absätzen 6 und 7, der nach Landesrecht zuständigen Behörde die vorhandenen Eintragungen aus dem Fahreignungsregister zu übermitteln. Unabhängig von Satz 1 hat das Kraftfahrt-Bundesamt bei jeder Entscheidung, die wegen einer Zuwiderhandlung nach
1. § 315c Absatz 1 Nummer 1 Buchstabe a des Strafgesetzbuches,
2. den §§ 316 oder 323a des Strafgesetzbuches oder
3. den §§ 24a oder 24c

ergangen ist, der nach Landesrecht zuständigen Behörde die vorhandenen Eintragungen aus dem Fahreignungsregister zu übermitteln.

(9) Widerspruch und Anfechtungsklage gegen die Entziehung nach Absatz 5 Satz 1 Nummer 3 haben keine aufschiebende Wirkung.

(10) Ist die Fahrerlaubnis nach Absatz 5 Satz 1 Nummer 3 entzogen worden, darf eine neue Fahrerlaubnis frühestens sechs Monate nach Wirksamkeit der Entziehung erteilt werden. Das gilt auch bei einem Verzicht auf die Fahrerlaubnis, wenn zum Zeitpunkt der Wirksamkeit des Verzichtes mindestens zwei Entscheidungen nach § 28 Absatz 3 Nummer 1 oder 3 gespeichert waren. Die Frist nach Satz 1, auch in Verbindung mit Satz 2, beginnt mit der Ablieferung des Führerscheins nach § 3 Absatz 2 Satz 3 in Verbindung mit dessen Satz 4. In den Fällen des Satzes 1, auch in Verbindung mit Satz 2, hat die nach Landesrecht zuständige Behörde unbeschadet der Erfüllung der sonstigen Voraussetzungen für die Erteilung der Fahrerlaubnis zum Nachweis, dass die Eignung zum Führen von Kraftfahrzeugen wiederhergestellt ist, in der Regel die Beibringung eines Gutachtens einer amtlich anerkannten Begutachtungsstelle für Fahreignung anzuordnen.

§ 4a Fahreignungsseminar

(1) Mit dem Fahreignungsseminar soll erreicht werden, dass die Teilnehmer sicherheitsrelevante Mängel in ihrem Verkehrsverhalten und insbesondere in ihrem Fahrverhalten erkennen und abbauen. Hierzu sollen die Teilnehmer durch die Vermittlung von Kenntnissen zum Straßenverkehrsrecht, zu Gefahrenpotenzialen und zu verkehrssicherem Verhalten im Straßenverkehr, durch Analyse und Korrektur verkehrssicherheitsgefährdender Verhaltensweisen sowie durch Aufzeigen der Bedingungen und Zusammenhänge des regelwidrigen Verkehrsverhaltens veranlasst werden.

(2) Das Fahreignungsseminar besteht aus einer verkehrspädagogischen und aus einer verkehrspsychologischen Teilmaßnahme, die aufeinander abzustimmen sind. Zur Durchführung sind berechtigt
1. für die verkehrspädagogische Teilmaßnahme Fahrlehrer, die über eine Seminarerlaubnis Verkehrspädagogik nach § 31a des Fahrlehrergesetzes und
2. für die verkehrspsychologische Teilmaßnahme Personen, die über eine Seminarerlaubnis Verkehrspsychologie nach Absatz 3

verfügen.

(3) Wer die verkehrspsychologische Teilmaßnahme des Fahreignungsseminars im Sinne des Absatzes 2 Satz 2 Nummer 2 durchführt, bedarf der Erlaubnis (Seminarerlaubnis Verkehrspsychologie). Die Seminarerlaubnis Verkehrspsychologie wird durch die nach Landesrecht zuständige Behörde erteilt. Die nach Landesrecht zuständige Behörde kann nachträglich Auflagen anordnen, soweit dies erforderlich ist, um die Einhaltung der Anforderungen an Fahreignungsseminare und deren ordnungsgemäße Durchführung sicherzustellen. § 7 des Fahrlehrergesetzes gilt entsprechend.

(4) Die Seminarerlaubnis Verkehrspsychologie wird auf Antrag erteilt, wenn der Bewerber
1. über einen Abschluss eines Hochschulstudiums als Diplom-Psychologe oder einen gleichwertigen Master-Abschluss in Psychologie verfügt,
2. eine verkehrspsychologische Ausbildung an einer Universität oder gleichgestellten Hochschule oder Stelle, die sich mit der Begutachtung oder Wiederherstellung der Kraftfahreignung befasst, oder eine fachpsychologische Qualifikation nach dem Stand der Wissenschaft durchlaufen hat,
3. über Erfahrungen in der Verkehrspsychologie
    a) durch eine mindestens dreijährige Begutachtung von Kraftfahrern an einer Begutachtungsstelle für Fahreignung oder eine mindestens dreijährige Durchführung von besonderen Aufbauseminaren oder von Kursen zur Wiederherstellung der Kraftfahreignung,
    b) durch eine mindestens fünfjährige freiberufliche verkehrspsychologische Tätigkeit, deren Nachweis durch Bestätigungen von Behörden oder Begutachtungsstellen für Fahreignung oder durch die Doku-

mentation von zehn Therapiemaßnahmen für verkehrsauffällige Kraftfahrer, die mit einer positiven Begutachtung abgeschlossen wurden, erbracht werden kann, oder

c) durch eine mindestens dreijährige freiberufliche verkehrspsychologische Tätigkeit nach vorherigem Erwerb einer Qualifikation als klinischer Psychologe oder Psychotherapeut nach dem Stand der Wissenschaft

verfügt und
4. im Fahreignungsregister mit nicht mehr als zwei Punkten belastet ist.

Die Erlaubnis ist zu versagen, wenn Tatsachen vorliegen, die Bedenken gegen die Zuverlässigkeit des Antragstellers begründen.

(5) Die Seminarerlaubnis Verkehrspsychologie ist zurückzunehmen, wenn bei ihrer Erteilung eine der Voraussetzungen des Absatzes 4 nicht vorgelegen hat. Die nach Landesrecht zuständige Behörde kann von der Rücknahme absehen, wenn der Mangel nicht mehr besteht. Die Seminarerlaubnis Verkehrspsychologie ist zu widerrufen, wenn nachträglich eine der in Absatz 4 genannten Voraussetzungen weggefallen ist. Bedenken gegen die Zuverlässigkeit bestehen insbesondere dann, wenn der Seminarleiter wiederholt die Pflichten grob verletzt hat, die ihm nach diesem Gesetz oder den auf ihm beruhenden Rechtsverordnungen obliegen.

(6) Der Inhaber einer Seminarerlaubnis Verkehrspsychologie hat die personenbezogenen Daten, die ihm als Seminarleiter der verkehrspsychologischen Teilmaßnahme bekannt geworden sind, zu speichern und fünf Jahre nach der Ausstellung einer vorgeschriebenen Teilnahmebescheinigung unverzüglich zu löschen. Die Daten nach Satz 1 dürfen
1. vom Inhaber der Seminarerlaubnis Verkehrspsychologie längstens neun Monate nach der Ausstellung der Teilnahmebescheinigung für die Durchführung des jeweiligen Fahreignungsseminars genutzt werden,
2. vom Inhaber der Seminarerlaubnis Verkehrspsychologie der Bundesanstalt für Straßenwesen übermittelt und von dieser zur Evaluierung nach § 4b genutzt werden,
3. von der Bundesanstalt für Straßenwesen oder in ihrem Auftrag an Dritte, die die Evaluierung nach § 4b im Auftrag der Bundesanstalt für Straßenwesen durchführen oder an ihr beteiligt sind, übermittelt und von den Dritten für die Evaluierung genutzt werden,
4. vom Inhaber der Seminarerlaubnis Verkehrspsychologie ausschließlich in Gestalt von Name, Vorname, Geburtsdatum und Anschrift des Seminarteilnehmers sowie dessen Unterschrift zur Teilnahmebestätigung
   a) der nach Landesrecht zuständigen Behörde übermittelt und von dieser zur Überwachung nach Absatz 8 genutzt werden,
   b) an Dritte, die ein von der zuständigen Behörde genehmigtes Qualitätssicherungssystem nach Absatz 8 Satz 6 betreiben und an dem der Inhaber der Seminarerlaubnis Verkehrspsychologie teilnimmt, übermittelt und im Rahmen dieses Qualitätssicherungssystems genutzt werden.

Die Empfänger nach Satz 2 haben die Daten unverzüglich zu löschen, wenn sie nicht mehr für die in Satz 2 jeweils genannten Zwecke benötigt werden, spätestens jedoch fünf Jahre nach der Ausstellung der Teilnahmebescheinigung nach Satz 1.

(7) Jeder Inhaber einer Seminarerlaubnis Verkehrspsychologie hat jährlich an einer insbesondere die Fahreignung betreffenden verkehrspsychologischen Fortbildung von mindestens sechs Stunden teilzunehmen.

(8) Die Durchführung der verkehrspsychologischen Teilmaßnahme des Fahreignungsseminars unterliegt der Überwachung der nach Landesrecht zuständigen Behörde. Die nach Landesrecht zuständige Behörde kann sich bei der Überwachung geeigneter Personen oder Stellen nach Landesrecht bedienen. Die nach Landes-

recht zuständige Behörde hat mindestens alle zwei Jahre an Ort und Stelle zu prüfen, ob die gesetzlichen Anforderungen an die Durchführung der verkehrspsychologischen Teilmaßnahme eingehalten werden. Der Inhaber der Seminarerlaubnis Verkehrspsychologie hat die Prüfung zu ermöglichen. Die in Satz 3 genannte Frist kann von der nach Landesrecht zuständigen Behörde auf vier Jahre verlängert werden, wenn in zwei aufeinanderfolgenden Überprüfungen keine oder nur geringfügige Mängel festgestellt worden sind. Die nach Landesrecht zuständige Behörde kann von der wiederkehrenden Überwachung nach den Sätzen 1 bis 5 absehen, wenn der Inhaber einer Seminarerlaubnis Verkehrspsychologie sich einem von der nach Landesrecht zuständigen Behörde anerkannten Qualitätssicherungssystem angeschlossen hat. Im Fall des Satzes 6 bleibt die Befugnis der nach Landesrecht zuständigen Behörde zur Überwachung im Sinne der Sätze 1 bis 5 unberührt. Das Bundesministerium für Verkehr, Bau und Stadtentwicklung soll durch Rechtsverordnung mit Zustimmung des Bundesrates Anforderung an Qualitätssicherungssysteme und Regeln für die Durchführung der Qualitätssicherung bestimmen.

§ 4b Evaluierung

Das Fahreignungsseminar, die Vorschriften hierzu und der Vollzug werden von der Bundesanstalt für Straßenwesen wissenschaftlich begleitet und evaluiert. Die Evaluierung hat insbesondere zu untersuchen, ob das Fahreignungsseminar eine verhaltensverbessernde Wirkung im Hinblick auf die Verkehrssicherheit hat. Die Bundesanstalt für Straßenwesen legt das Ergebnis der Evaluierung bis zum 1. Mai 2019 dem Bundesministerium für Verkehr, Bau und Stadtentwicklung in einem Bericht zur Weiterleitung an den Deutschen Bundestag vor.

(…)

III. Straf- und Bußgeldvorschriften

§ 21 Fahren ohne Fahrerlaubnis

(1) Mit Freiheitsstrafe bis zu einem Jahr oder mit Geldstrafe wird bestraft, wer
1. ein Kraftfahrzeug führt, obwohl er die dazu erforderliche Fahrerlaubnis nicht hat oder ihm das Führen des Fahrzeugs nach § 44 des Strafgesetzbuchs oder nach § 25 dieses Gesetzes verboten ist, oder
2. als Halter eines Kraftfahrzeugs anordnet oder zulässt, dass jemand das Fahrzeug führt, der die dazu erforderliche Fahrerlaubnis nicht hat oder dem das Führen des Fahrzeugs nach § 44 des Strafgesetzbuchs oder nach § 25 dieses Gesetzes verboten ist.

(2) Mit Freiheitsstrafe bis zu sechs Monaten oder mit Geldstrafe bis zu 180 Tagessätzen wird bestraft, wer
1. eine Tat nach Absatz 1 fahrlässig begeht,
2. vorsätzlich oder fahrlässig ein Kraftfahrzeug führt, obwohl der vorgeschriebene Führerschein nach § 94 der Strafprozessordnung in Verwahrung genommen, sichergestellt oder beschlagnahmt ist, oder
3. vorsätzlich oder fahrlässig als Halter eines Kraftfahrzeugs anordnet oder zulässt, dass jemand das Fahrzeug führt, obwohl der vorgeschriebene Führerschein nach § 94 der Strafprozessordnung in Verwahrung genommen, sichergestellt oder beschlagnahmt ist.

(3) In den Fällen des Absatzes 1 kann das Kraftfahrzeug, auf das sich die Tat bezieht, eingezogen werden, wenn der Täter
1. das Fahrzeug geführt hat, obwohl ihm die Fahrerlaubnis entzogen oder das Führen des Fahrzeugs nach § 44 des Strafgesetzbuchs oder nach § 25 dieses Gesetzes verboten war oder obwohl eine Sperre nach § 69a Abs. 1 Satz 3 des Strafgesetzbuchs gegen ihn angeordnet war,
2. als Halter des Fahrzeugs angeordnet oder zugelassen hat, dass jemand das Fahrzeug führte, dem die Fahrerlaubnis entzogen oder das Führen des Fahrzeugs nach § 44 des Strafgesetzbuchs oder nach § 25 dieses

Gesetzes verboten war oder gegen den eine Sperre nach § 69a Abs. 1 Satz 3 des Strafgesetzbuchs angeordnet war, oder
3. in den letzten drei Jahren vor der Tat schon einmal wegen einer Tat nach Absatz 1 verurteilt worden ist.

§ 22 Kennzeichenmissbrauch

(1) Wer in rechtswidriger Absicht
1. ein Kraftfahrzeug oder einen Kraftfahrzeuganhänger, für die ein amtliches Kennzeichen nicht ausgegeben oder zugelassen worden ist, mit einem Zeichen versieht, das geeignet ist, den Anschein amtlicher Kennzeichnung hervorzurufen,
2. ein Kraftfahrzeug oder einen Kraftfahrzeuganhänger mit einer anderen als der amtlich für das Fahrzeug ausgegebenen oder zugelassenen Kennzeichnung versieht,
3. das an einem Kraftfahrzeug oder einem Kraftfahrzeuganhänger angebrachte amtliche Kennzeichen verändert, beseitigt, verdeckt oder sonst in seiner Erkennbarkeit beeinträchtigt,

wird, wenn die Tat nicht in anderen Vorschriften mit schwererer Strafe bedroht ist, mit Freiheitsstrafe bis zu einem Jahr oder mit Geldstrafe bestraft.

(2) Die gleiche Strafe trifft Personen, welche auf öffentlichen Wegen oder Plätzen von einem Kraftfahrzeug oder einem Kraftfahrzeuganhänger Gebrauch machen, von denen sie wissen, dass die Kennzeichnung in der in Absatz 1 Nr. 1 bis 3 bezeichneten Art gefälscht, verfälscht oder unterdrückt worden ist.

§ 22a Missbräuchliches Herstellen, Vertreiben oder Ausgeben von Kennzeichen

(1) Mit Freiheitsstrafe bis zu einem Jahr oder mit Geldstrafe wird bestraft, wer
1. Kennzeichen ohne vorherige Anzeige bei der zuständigen Behörde herstellt, vertreibt oder ausgibt oder
2. *(weggefallen)*
3. Kennzeichen in der Absicht nachmacht, dass sie als amtlich zugelassene Kennzeichen verwendet oder in Verkehr gebracht werden oder dass ein solches Verwenden oder Inverkehrbringen ermöglicht werde, oder Kennzeichen in dieser Absicht so verfälscht, dass der Anschein der Echtheit hervorgerufen wird, oder
4. nachgemachte oder verfälschte Kennzeichen feilhält oder in den Verkehr bringt.

(2) Nachgemachte oder verfälschte Kennzeichen, auf die sich eine Straftat nach Absatz 1 bezieht, können eingezogen werden. § 74a des Strafgesetzbuchs ist anzuwenden.

§ 22b Missbrauch von Wegstreckenzählern und Geschwindigkeitsbegrenzern

(1) Mit Freiheitsstrafe bis zu einem Jahr oder mit Geldstrafe wird bestraft, wer
1. die Messung eines Wegstreckenzählers, mit dem ein Kraftfahrzeug ausgerüstet ist, dadurch verfälscht, dass er durch Einwirkung auf das Gerät oder den Messvorgang das Ergebnis der Messung beeinflusst,
2. die bestimmungsgemäße Funktion eines Geschwindigkeitsbegrenzers, mit dem ein Kraftfahrzeug ausgerüstet ist, durch Einwirkung auf diese Einrichtung aufhebt oder beeinträchtigt oder
3. eine Straftat nach Nummer 1 oder 2 vorbereitet, indem er Computerprogramme, deren Zweck die Begehung einer solchen Tat ist, herstellt, sich oder einem anderen verschafft, feilhält oder einem anderen überlässt.

(2) In den Fällen des Absatzes 1 Nr. 3 gilt § 149 Abs. 2 und 3 des Strafgesetzbuches entsprechend.

(3) Gegenstände, auf die sich die Straftat nach Absatz 1 bezieht, können eingezogen werden. § 74a des Strafgesetzbuches ist anzuwenden.

§ 23 Feilbieten nicht genehmigter Fahrzeuge, Fahrzeugteile und Ausrüstungen

(1) Ordnungswidrig handelt, wer vorsätzlich oder fahrlässig Fahrzeugteile, die in einer vom Kraftfahrt-Bundesamt genehmigten Bauart ausgeführt sein müssen, gewerbsmäßig feilbietet, obwohl sie nicht mit einem amtlich vorgeschriebenen und zugeteilten Prüfzeichen gekennzeichnet sind.

(2) Ordnungswidrig handelt, wer vorsätzlich oder fahrlässig einer Vorschrift einer auf Grund des § 6 Abs. 3a erlassenen Rechtsverordnung oder einer auf Grund einer solchen Rechtsverordnung ergangenen vollziehbaren Anordnung zuwiderhandelt, soweit die Rechtsverordnung für einen bestimmten Tatbestand auf diese Bußgeldvorschrift verweist.

(3) Die Ordnungswidrigkeit kann mit einer Geldbuße bis zu fünftausend Euro geahndet werden.

(4) Fahrzeuge, Fahrzeugteile und Ausrüstungen, auf die sich die Ordnungswidrigkeit bezieht, können eingezogen werden.

§ 24 Verkehrsordnungswidrigkeit

(1) Ordnungswidrig handelt, wer vorsätzlich oder fahrlässig einer Vorschrift einer auf Grund des § 6 Abs. 1 oder des § 6e Abs. 1 erlassenen Rechtsverordnung oder einer auf Grund einer solchen Rechtsverordnung ergangenen Anordnung zuwiderhandelt, soweit die Rechtsverordnung für einen bestimmten Tatbestand auf diese Bußgeldvorschrift verweist. Die Verweisung ist nicht erforderlich, soweit die Vorschrift der Rechtsverordnung vor dem 1. Januar 1969 erlassen worden ist.

(2) Die Ordnungswidrigkeit kann mit einer Geldbuße bis zu zweitausend Euro geahndet werden.

§ 24a 0,5 Promille-Grenze

(1) Ordnungswidrig handelt, wer im Straßenverkehr ein Kraftfahrzeug führt, obwohl er 0,25 mg/l oder mehr Alkohol in der Atemluft oder 0,5 Promille oder mehr Alkohol im Blut oder eine Alkoholmenge im Körper hat, die zu einer solchen Atem- oder Blutalkoholkonzentration führt.

(2) Ordnungswidrig handelt, wer unter der Wirkung eines in der Anlage zu dieser Vorschrift genannten berauschenden Mittels im Straßenverkehr ein Kraftfahrzeug führt. Eine solche Wirkung liegt vor, wenn eine in dieser Anlage genannte Substanz im Blut nachgewiesen wird. Satz 1 gilt nicht, wenn die Substanz aus der bestimmungsgemäßen Einnahme eines für einen konkreten Krankheitsfall verschriebenen Arzneimittels herrührt.

(3) Ordnungswidrig handelt auch, wer die Tat fahrlässig begeht.

(4) Die Ordnungswidrigkeit kann mit einer Geldbuße bis zu dreitausend Euro geahndet werden.

(5) Das Bundesministerium für Verkehr, Bau und Stadtentwicklung wird ermächtigt, durch Rechtsverordnung im Einvernehmen mit dem Bundesministerium für Gesundheit und Soziale Sicherung und dem Bundesministerium der Justiz mit Zustimmung des Bundesrates die Liste der berauschenden Mittel und Substanzen in der Anlage zu dieser Vorschrift zu ändern oder zu ergänzen, wenn dies nach wissenschaftlicher Erkenntnis im Hinblick auf die Sicherheit des Straßenverkehrs erforderlich ist.

§ 24b Mangelnde Nachweise für Herstellung, Vertrieb und Ausgabe von Kennzeichen

(1) Ordnungswidrig handelt, wer vorsätzlich oder fahrlässig einer Vorschrift einer auf Grund des § 6 Abs. 1 Nr. 8 erlassenen Rechtsverordnung oder einer auf Grund einer solchen Rechtsverordnung ergangenen vollziehbaren Anordnung zuwiderhandelt, soweit die Rechtsverordnung für einen bestimmten Tatbestand auf diese Bußgeldvorschrift verweist.

(2) Die Ordnungswidrigkeit kann mit einer Geldbuße bis zu zweitausendfünfhundert Euro geahndet werden.

§ 24c Alkoholverbot für Fahranfänger und Fahranfängerinnen

(1) Ordnungswidrig handelt, wer in der Probezeit nach § 2a oder vor Vollendung des 21. Lebensjahres als Führer eines Kraftfahrzeugs im Straßenverkehr alkoholische Getränke zu sich nimmt oder die Fahrt antritt, obwohl er unter der Wirkung eines solchen Getränks steht.

(2) Ordnungswidrig handelt auch, wer die Tat fahrlässig begeht.

(3) Die Ordnungswidrigkeit kann mit einer Geldbuße geahndet werden.

§ 25 Fahrverbot

(1) Wird gegen den Betroffenen wegen einer Ordnungswidrigkeit nach § 24, die er unter grober oder beharrlicher Verletzung der Pflichten eines Kraftfahrzeugführers begangen hat, eine Geldbuße festgesetzt, so kann ihm die Verwaltungsbehörde oder das Gericht in der Bußgeldentscheidung für die Dauer von einem Monat bis zu drei Monaten verbieten, im Straßenverkehr Kraftfahrzeuge jeder oder einer bestimmten Art zu führen. Wird gegen den Betroffenen wegen einer Ordnungswidrigkeit nach § 24a eine Geldbuße festgesetzt, so ist in der Regel auch ein Fahrverbot anzuordnen.

(2) Das Fahrverbot wird mit der Rechtskraft der Bußgeldentscheidung wirksam. Für seine Dauer werden von einer deutschen Behörde ausgestellte nationale und internationale Führerscheine amtlich verwahrt. Dies gilt auch, wenn der Führerschein von einer Behörde eines Mitgliedstaates der Europäischen Union oder eines anderen Vertragsstaates des Abkommens über den Europäischen Wirtschaftsraum ausgestellt worden ist, sofern der Inhaber seinen ordentlichen Wohnsitz im Inland hat. Wird er nicht freiwillig herausgegeben, so ist er zu beschlagnahmen.

(2a) Ist in den zwei Jahren vor der Ordnungswidrigkeit ein Fahrverbot gegen den Betroffenen nicht verhängt worden und wird auch bis zur Bußgeldentscheidung ein Fahrverbot nicht verhängt, so bestimmt die Verwaltungsbehörde oder das Gericht abweichend von Absatz 2 Satz 1, dass das Fahrverbot erst wirksam wird, wenn der Führerschein nach Rechtskraft der Bußgeldentscheidung in amtliche Verwahrung gelangt, spätestens jedoch mit Ablauf von vier Monaten seit Eintritt der Rechtskraft. Werden gegen den Betroffenen weitere Fahrverbote rechtskräftig verhängt, so sind die Fahrverbotsfristen nacheinander in der Reihenfolge der Rechtskraft der Bußgeldentscheidungen zu berechnen.

(3) In anderen als in Absatz 2 Satz 3 genannten ausländischen Führerscheinen wird das Fahrverbot vermerkt. Zu diesem Zweck kann der Führerschein beschlagnahmt werden.

(4) Wird der Führerschein in den Fällen des Absatzes 2 Satz 4 oder des Absatzes 3 Satz 2 bei dem Betroffenen nicht vorgefunden, so hat er auf Antrag der Vollstreckungsbehörde (§ 92 des Gesetzes über Ordnungswidrigkeiten) bei dem Amtsgericht eine eidesstattliche Versicherung über den Verbleib des Führerscheins abzugeben. § 883 Abs. 2 und 3 der Zivilprozessordnung gilt entsprechend.

(5) Ist ein Führerschein amtlich zu verwahren oder das Fahrverbot in einem ausländischen Führerschein zu vermerken, so wird die Verbotsfrist erst von dem Tag an gerechnet, an dem dies geschieht. In die Verbotsfrist wird die Zeit nicht eingerechnet, in welcher der Täter auf behördliche Anordnung in einer Anstalt verwahrt wird.

(6) Die Dauer einer vorläufigen Entziehung der Fahrerlaubnis (§ 111a der Strafprozessordnung) wird auf das Fahrverbot angerechnet. Es kann jedoch angeordnet werden, dass die Anrechnung ganz oder zum Teil unterbleibt, wenn sie im Hinblick auf das Verhalten des Betroffenen nach Begehung der Ordnungswidrigkeit nicht gerechtfertigt ist. Der vorläufigen Entziehung der Fahrerlaubnis steht die Verwahrung, Sicherstellung oder Beschlagnahme des Führerscheins (§ 94 der Strafprozessordnung) gleich.

(7) Wird das Fahrverbot nach Absatz 1 im Strafverfahren angeordnet (§ 82 des Gesetzes über Ordnungswidrigkeiten), so kann die Rückgabe eines in Verwahrung genommenen, sichergestellten oder beschlagnahmten Führerscheins aufgeschoben werden, wenn der Betroffene nicht widerspricht. In diesem Fall ist die Zeit nach dem Urteil unverkürzt auf das Fahrverbot anzurechnen.

(8) Über den Zeitpunkt der Wirksamkeit des Fahrverbots nach Absatz 2 oder 2a Satz 1 und über den Beginn der Verbotsfrist nach Absatz 5 Satz 1 ist der Betroffene bei der Zustellung der Bußgeldentscheidung oder im Anschluss an deren Verkündung zu belehren.

§ 25a Kostentragungspflicht des Halters eines Kraftfahrzeugs

(1) Kann in einem Bußgeldverfahren wegen eines Halt- oder Parkverstoßes der Führer des Kraftfahrzeugs, der den Verstoß begangen hat, nicht vor Eintritt der Verfolgungsverjährung ermittelt werden oder würde seine Ermittlung einen unangemessenen Aufwand erfordern, so werden dem Halter des Kraftfahrzeugs oder seinem Beauftragten die Kosten des Verfahrens auferlegt; er hat dann auch seine Auslagen zu tragen. Von einer Entscheidung nach Satz 1 wird abgesehen, wenn es unbillig wäre, den Halter des Kraftfahrzeugs oder seinen Beauftragten mit den Kosten zu belasten.

(2) Die Kostenentscheidung ergeht mit der Entscheidung, die das Verfahren abschließt; vor der Entscheidung ist derjenige zu hören, dem die Kosten auferlegt werden sollen.

(3) Gegen die Kostenentscheidung der Verwaltungsbehörde und der Staatsanwaltschaft kann innerhalb von zwei Wochen nach Zustellung gerichtliche Entscheidung beantragt werden. § 62 Abs. 2 des Gesetzes über Ordnungswidrigkeiten gilt entsprechend; für die Kostenentscheidung der Staatsanwaltschaft gelten auch § 50 Abs. 2 und § 52 des Gesetzes über Ordnungswidrigkeiten entsprechend. Die Kostenentscheidung des Gerichts ist nicht anfechtbar.

§ 26 Zuständige Verwaltungsbehörde; Verjährung

(1) Bei Ordnungswidrigkeiten nach den §§ 24a und 24c, die im Straßenverkehr begangen werden, und bei Ordnungswidrigkeiten nach § 24a ist Verwaltungsbehörde im Sinne des § 36 Abs. 1 Nr. 1 des Gesetzes über Ordnungswidrigkeiten die Behörde oder Dienststelle der Polizei, die von der Landesregierung durch Rechtsverordnung näher bestimmt wird. Die Landesregierung kann die Ermächtigung auf die zuständige oberste Landesbehörde übertragen.

(2) Bei Ordnungswidrigkeiten nach § 23 ist Verwaltungsbehörde im Sinne des § 36 Abs. 1 Nr. 1 des Gesetzes über Ordnungswidrigkeiten die Behörde, die von der Landesregierung durch Rechtsverordnung näher bestimmt wird.

(3) Die Frist der Verfolgungsverjährung beträgt bei Ordnungswidrigkeiten nach § 24 drei Monate, solange wegen der Handlung weder ein Bußgeldbescheid ergangen noch öffentliche Klage erhoben ist, danach sechs Monate.

§ 26a Bußgeldkatalog

(1) Das Bundesministerium für Verkehr, Bau und Stadtentwicklung wird ermächtigt, durch Rechtsverordnung mit Zustimmung des Bundesrates Vorschriften zu erlassen über
1. die Erteilung einer Verwarnung (§ 56 des Gesetzes über Ordnungswidrigkeiten) wegen einer Ordnungswidrigkeit nach § 24,
2. Regelsätze für Geldbußen wegen einer Ordnungswidrigkeit nach den §§ 24, 24a und 24c,
3. die Anordnung des Fahrverbots nach § 25.

(2) Die Vorschriften nach Absatz 1 bestimmen unter Berücksichtigung der Bedeutung der Ordnungswidrigkeit, in welchen Fällen, unter welchen Voraussetzungen und in welcher Höhe das Verwarnungsgeld erhoben, die Geldbuße festgesetzt und für welche Dauer das Fahrverbot angeordnet werden soll.

§ 27 Informationsschreiben

(1) Hat die Verwaltungsbehörde in einem Bußgeldverfahren den Halter oder Eigentümer eines Kraftfahrzeugs auf Grund einer Abfrage im Sinne von Artikel 4 der Richtlinie 2011/82/EU des Europäischen Parlaments und des Rates vom 25. Oktober 2011 zur Erleichterung des grenzüberschreitenden Austauschs von Informationen über die Straßenverkehrssicherheit gefährdende Verkehrsdelikte (ABl. L 288 vom 5.11.2011, S. 1) ermittelt, übersendet sie der ermittelten Person ein Informationsschreiben. In diesem Schreiben werden die Art des Verstoßes, Zeit und Ort seiner Begehung, das gegebenenfalls verwendete Überwachungsgerät, die anwendbaren Bußgeldvorschriften sowie die für einen solchen Verstoß vorgesehene Sanktion angegeben. Das Informationsschreiben ist in der Sprache des Zulassungsdokuments des Kraftfahrzeugs oder in einer der Amtssprachen des Mitgliedstaates zu übermitteln, in dem das Kraftfahrzeug zugelassen ist.

(2) Absatz 1 gilt nicht, wenn die ermittelte Person ihren ordentlichen Wohnsitz im Inland hat.

IV. Fahreignungsregister

§ 28 Führung und Inhalt des Fahreignungsregisters

(1) Das Kraftfahrt-Bundesamt führt das Fahreignungsregister nach den Vorschriften dieses Abschnitts.

(2) Das Fahreignungsregister wird geführt zur Speicherung von Daten, die erforderlich sind
1. für die Beurteilung der Eignung und der Befähigung von Personen zum Führen von Kraftfahrzeugen oder zum Begleiten eines Kraftfahrzeugführers entsprechend einer nach § 6e Abs. 1 erlassenen Rechtsverordnung,
2. für die Prüfung der Berechtigung zum Führen von Fahrzeugen,
3. für die Ahndung der Verstöße von Personen, die wiederholt Straftaten oder Ordnungswidrigkeiten, die im Zusammenhang mit dem Straßenverkehr stehen, begehen oder
4. für die Beurteilung von Personen im Hinblick auf ihre Zuverlässigkeit bei der Wahrnehmung der ihnen durch Gesetz, Satzung oder Vertrag übertragenen Verantwortung für die Einhaltung der zur Sicherheit im Straßenverkehr bestehenden Vorschriften.

(3) Im Fahreignungsregister werden Daten gespeichert über
1. rechtskräftige Entscheidungen der Strafgerichte wegen einer Straftat, die in der Rechtsverordnung nach § 6 Absatz 1 Nummer 1 Buchstabe s bezeichnet ist, soweit sie auf Strafe, Verwarnung mit Strafvorbehalt erkennen oder einen Schuldspruch enthalten,
2. rechtskräftige Entscheidungen der Strafgerichte, die die Entziehung der Fahrerlaubnis, eine isolierte Sperre oder ein Fahrverbot anordnen, sofern sie nicht von Nummer 1 erfasst sind, sowie Entscheidungen der Strafgerichte, die die vorläufige Entziehung der Fahrerlaubnis anordnen,
3. rechtskräftige Entscheidungen wegen einer Ordnungswidrigkeit
    a) nach den §§ 24, 24a oder § 24c, soweit sie in der Rechtsverordnung nach § 6 Absatz 1 Nummer 1 Buchstabe s bezeichnet ist und gegen den Betroffenen
        aa) ein Fahrverbot nach § 25 angeordnet worden ist oder
        bb) eine Geldbuße von mindestens sechzig Euro festgesetzt worden ist und § 28a nichts anderes bestimmt,
    b) nach den §§ 24, 24a oder § 24c, soweit kein Fall des Buchstaben a vorliegt und ein Fahrverbot angeordnet worden ist,

StVG

c) nach § 10 des Gefahrgutbeförderungsgesetzes, soweit sie in der Rechtsverordnung nach § 6 Absatz 1 Nummer 1 Buchstabe s bezeichnet ist.
4. unanfechtbare oder sofort vollziehbare Verbote oder Beschränkungen, ein fahrerlaubnisfreies Fahrzeug zu führen,
5. unanfechtbare Versagungen einer Fahrerlaubnis,
6. unanfechtbare oder sofort vollziehbare Entziehungen, Widerrufe, Aberkennungen oder Rücknahmen einer Fahrerlaubnis oder die Feststellung über die fehlende Berechtigung, von der Fahrerlaubnis im Inland Gebrauch zu machen,
7. Verzichte auf die Fahrerlaubnis,
8. unanfechtbare Ablehnungen eines Antrags auf Verlängerung der Geltungsdauer einer Fahrerlaubnis,
9. die Beschlagnahme, Sicherstellung oder Verwahrung von Führerscheinen nach § 94 der Strafprozessordnung,
10. *(weggefallen)*
11. Maßnahmen der Fahrerlaubnisbehörde nach § 2a Abs. 2 Satz 1 Nr. 1 und 2 und § 4 Absatz 5 Satz 1 Nr. 1 und 2,
12. die Teilnahme an einem Aufbauseminar, an einem besonderen Aufbauseminar und an einer verkehrspsychologischen Beratung, soweit dies für die Anwendung der Regelungen der Fahrerlaubnis auf Probe (§ 2a) erforderlich ist,
13. die Teilnahme an einem Fahreignungsseminar, soweit dies für die Anwendung der Regelungen des Fahreignungs-Bewertungssystems (§ 4) erforderlich ist,
14. Entscheidungen oder Änderungen, die sich auf eine der in den Nummern 1 bis 13 genannten Eintragungen beziehen.

(4) Die Gerichte, Staatsanwaltschaften und anderen Behörden teilen dem Kraftfahrt-Bundesamt unverzüglich die nach Absatz 3 zu speichernden oder zu einer Änderung oder Löschung einer Eintragung führenden Daten mit.

(5) Bei Zweifeln an der Identität einer eingetragenen Person mit der Person, auf die sich eine Mitteilung nach Absatz 4 bezieht, dürfen die Datenbestände des Zentralen Fahrerlaubnisregisters und des Zentralen Fahrzeugregisters zur Identifizierung dieser Personen genutzt werden. Ist die Feststellung der Identität der betreffenden Personen auf diese Weise nicht möglich, dürfen die auf Anfrage aus den Melderegistern übermittelten Daten zur Behebung der Zweifel genutzt werden. Die Zulässigkeit der Übermittlung durch die Meldebehörden richtet sich nach den Meldegesetzen der Länder. Können die Zweifel an der Identität der betreffenden Personen nicht ausgeräumt werden, werden die Eintragungen über beide Personen mit einem Hinweis auf die Zweifel an deren Identität versehen.

(6) Die regelmäßige Nutzung der auf Grund des § 50 Abs. 1 im Zentralen Fahrerlaubnisregister gespeicherten Daten ist zulässig, um Fehler und Abweichungen bei den Personendaten sowie den Daten über Fahrerlaubnisse und Führerscheine der betreffenden Person im Fahreignungsregister festzustellen und zu beseitigen und um das Fahreignungsregister zu vervollständigen.

§ 28a Eintragung beim Abweichen vom Bußgeldkatalog

Wird die Geldbuße wegen einer Ordnungswidrigkeit nach den §§ 24, 24a und § 24c lediglich mit Rücksicht auf die wirtschaftlichen Verhältnisse des Betroffenen abweichend von dem Regelsatz der Geldbuße festgesetzt, der für die zugrunde liegende Ordnungswidrigkeit im Bußgeldkatalog (§ 26a) vorgesehen ist, so ist in der Entscheidung dieser Paragraph bei den angewendeten Bußgeldvorschriften aufzuführen, wenn der Regelsatz der Geldbuße
1. sechzig Euro oder mehr beträgt und eine geringere Geldbuße festgesetzt wird oder

2. weniger als sechzig Euro beträgt und eine Geldbuße von sechzig Euro oder mehr festgesetzt wird.

In diesen Fällen ist für die Eintragung in das Fahreignungsregister der im Bußgeldkatalog vorgesehene Regelsatz maßgebend.

§ 28b (*weggefallen*)

§ 29 Tilgung der Eintragungen

(1) Die im Register gespeicherten Eintragungen werden nach Ablauf der in Satz 2 bestimmten Fristen getilgt. Die Tilgungsfristen betragen
1. zwei Jahre und sechs Monate bei Entscheidungen über eine Ordnungswidrigkeit,
   a) die in der Rechtsverordnung nach § 6 Absatz 1 Nummer 1 Buchstabe s Doppelbuchstabe bb Dreifachbuchstabe bbb als verkehrssicherheitsbeeinträchtigende oder gleichgestellte Ordnungswidrigkeit mit einem Punkt bewertet ist oder
   b) soweit weder ein Fall des Buchstaben a noch der Nummer 2 Buchstabe b vorliegt und in der Entscheidung ein Fahrverbot angeordnet worden ist,
2. fünf Jahre
   a) bei Entscheidungen über eine Straftat, vorbehaltlich der Nummer 3 Buchstabe a,
   b) bei Entscheidungen über eine Ordnungswidrigkeit, die in der Rechtsverordnung nach § 6 Absatz 1 Nummer 1 Buchstabe s Doppelbuchstabe bb Dreifachbuchstabe aaa als besonders verkehrssicherheitsbeeinträchtigende oder gleichgestellte Ordnungswidrigkeit mit zwei Punkten bewertet ist,
   c) bei von der nach Landesrecht zuständigen Behörde verhängten Verboten oder Beschränkungen, ein fahrerlaubnisfreies Fahrzeug zu führen,
   d) bei Mitteilungen über die Teilnahme an einem Fahreignungsseminar, einem Aufbauseminar, einem besonderen Aufbauseminar oder einer verkehrspsychologischen Beratung,
3. zehn Jahre
   a) bei Entscheidungen über eine Straftat, in denen die Fahrerlaubnis entzogen oder eine isolierte Sperre angeordnet worden ist,
   b) bei Entscheidungen über Maßnahmen oder Verzichte nach § 28 Absatz 3 Nummer 5 bis 8.

Eintragungen über Maßnahmen der nach Landesrecht zuständigen Behörde nach § 2a Absatz 2 Satz 1 Nummer 1 und 2 und § 4 Absatz 5 Satz 1 Nummer 1 und 2 werden getilgt, wenn dem Inhaber einer Fahrerlaubnis die Fahrerlaubnis entzogen wird. Sonst erfolgt eine Tilgung bei den Maßnahmen nach § 2a Absatz 2 Satz 1 Nummer 1 und 2 ein Jahr nach Ablauf der Probezeit und bei Maßnahmen nach § 4 Absatz 5 Satz 1 Nummer 1 und 2 dann, wenn die letzte Eintragung wegen einer Straftat oder Ordnungswidrigkeit getilgt ist. Verkürzungen der Tilgungsfristen nach Absatz 1 können durch Rechtsverordnung gemäß § 30c Abs. 1 Nr. 2 zugelassen werden, wenn die eingetragene Entscheidung auf körperlichen oder geistigen Mängeln oder fehlender Befähigung beruht.

(2) Die Tilgungsfristen gelten nicht, wenn die Erteilung einer Fahrerlaubnis oder die Erteilung des Rechts, von einer ausländischen Fahrerlaubnis wieder Gebrauch zu machen, für immer untersagt ist.

(3) Ohne Rücksicht auf den Lauf der Fristen nach Absatz 1 und das Tilgungsverbot nach Absatz 2 werden getilgt
1. Eintragungen über Entscheidungen, wenn ihre Tilgung im Bundeszentralregister angeordnet oder wenn die Entscheidung im Wiederaufnahmeverfahren oder nach den §§ 86, 102 Abs. 2 des Gesetzes über Ordnungswidrigkeiten rechtskräftig aufgehoben wird,
2. Eintragungen, die in das Bundeszentralregister nicht aufzunehmen sind, wenn ihre Tilgung durch die nach Landesrecht zuständige Behörde angeordnet wird, wobei die Anordnung nur ergehen darf, wenn

StVG

dies zur Vermeidung ungerechtfertigter Härten erforderlich ist und öffentliche Interessen nicht gefährdet werden,
3. Eintragungen, bei denen die zugrundeliegende Entscheidung aufgehoben wird oder bei denen nach näherer Bestimmung durch Rechtsverordnung gemäß § 30c Abs. 1 Nr. 2 eine Änderung der zugrundeliegenden Entscheidung Anlass gibt,
4. sämtliche Eintragungen, wenn eine amtliche Mitteilung über den Tod des Betroffenen eingeht.

(4) Die Tilgungsfrist (Absatz 1) beginnt
1. bei strafgerichtlichen Verurteilungen und bei Strafbefehlen mit dem Tag der Rechtskraft, wobei dieser Tag auch dann maßgebend bleibt, wenn eine Gesamtstrafe oder eine einheitliche Jugendstrafe gebildet oder nach § 30 Abs. 1 des Jugendgerichtsgesetzes auf Jugendstrafe erkannt wird oder eine Entscheidung im Wiederaufnahmeverfahren ergeht, die eine registerpflichtige Verurteilung enthält,
2. bei Entscheidungen der Gerichte nach den §§ 59, 60 des Strafgesetzbuchs und § 27 des Jugendgerichtsgesetzes mit dem Tag der Rechtskraft,
3. bei gerichtlichen und verwaltungsbehördlichen Bußgeldentscheidungen sowie bei anderen Verwaltungsentscheidungen mit dem Tag der Rechtskraft oder Unanfechtbarkeit der beschwerenden Entscheidung,
4. bei Aufbauseminaren nach § 2a Absatz 2 Satz 1 Nummer 1, verkehrspsychologischen Beratungen nach § 2a Absatz 2 Satz 1 Nummer 2 und Fahreignungsseminaren nach § 4 Absatz 7 mit dem Tag der Ausstellung der Teilnahmebescheinigung.

(5) Bei der Versagung oder Entziehung der Fahrerlaubnis wegen mangelnder Eignung, der Anordnung einer Sperre nach § 69a Abs. 1 Satz 3 des Strafgesetzbuchs oder bei einem Verzicht auf die Fahrerlaubnis beginnt die Tilgungsfrist erst mit der Erteilung oder Neuerteilung der Fahrerlaubnis, spätestens jedoch fünf Jahre nach der Rechtskraft der beschwerenden Entscheidung oder dem Tag des Zugangs der Verzichtserklärung bei der zuständigen Behörde. Bei von der nach Landesrecht zuständigen Behörde verhängten Verboten oder Beschränkungen, ein fahrerlaubnisfreies Fahrzeug zu führen, beginnt die Tilgungsfrist fünf Jahre nach Ablauf oder Aufhebung des Verbots oder der Beschränkung.

(6) Nach Eintritt der Tilgungsreife wird eine Eintragung vorbehaltlich der Sätze 2 und 4 gelöscht. Eine Eintragung nach § 28 Absatz 3 Nummer 1 oder 3 wird nach Eintritt der Tilgungsreife erst nach einer Überliegefrist von einem Jahr gelöscht. Während dieser Überliegefrist darf der Inhalt dieser Eintragung nur noch zu folgenden Zwecken übermittelt, genutzt oder über ihn eine Auskunft erteilt werden:
1. an die nach Landesrecht zuständige Behörde zur Anordnung von Maßnahmen im Rahmen der Fahrerlaubnis auf Probe nach § 2a,
2. an die nach Landesrecht zuständige Behörde zur Ergreifung von Maßnahmen nach dem Fahreignungs-Bewertungssystem nach § 4 Absatz 5,
3. zur Auskunftserteilung an den Betroffenen nach § 30 Absatz 8.

Die Löschung einer Eintragung nach § 28 Absatz 3 Nummer 3 unterbleibt in jedem Fall so lange, wie der Betroffene im Zentralen Fahrerlaubnisregister als Inhaber einer Fahrerlaubnis auf Probe gespeichert ist.

(7) Ist eine Eintragung im Fahreignungsregister gelöscht, dürfen die Tat und die Entscheidung dem Betroffenen für die Zwecke des § 28 Absatz 2 nicht mehr vorgehalten und nicht zu seinem Nachteil verwertet werden. Unterliegt eine Eintragung im Fahreignungsregister über eine gerichtliche Entscheidung nach Absatz 1 Satz 2 Nummer 3 Buchstabe a einer zehnjährigen Tilgungsfrist, darf sie nach Ablauf eines Zeitraums, der einer fünfjährigen Tilgungsfrist nach den vorstehenden Vorschriften entspricht, nur noch für folgende Zwecke an die nach Landesrecht zuständige Behörde übermittelt und dort genutzt werden:
1. zur Durchführung von Verfahren, die eine Erteilung oder Entziehung einer Fahrerlaubnis zum Gegenstand haben,
2. zum Ergreifen von Maßnahmen nach dem Fahreignungs-Bewertungssystem nach § 4 Absatz 5.

Außerdem dürfen für die Prüfung der Berechtigung zum Führen von Kraftfahrzeugen Entscheidungen der Gerichte nach den §§ 69 bis 69b des Strafgesetzbuches an die nach Landesrecht zuständige Behörde übermittelt und dort genutzt werden. Die Sätze 1 und 2 gelten nicht für Eintragungen wegen strafgerichtlicher Entscheidungen, die für die Ahndung von Straftaten herangezogen werden. Insoweit gelten die Regelungen des Bundeszentralregistergesetzes.

(...)

VII. Gemeinsame Vorschriften, Übergangsbestimmungen

(...)

§ 65 Übergangsbestimmungen

(1) Registerauskünfte, Führungszeugnisse, Gutachten und Gesundheitszeugnisse, die sich am 1. Januar 1999 bereits in den Akten befinden, brauchen abweichend von § 2 Abs. 9 Satz 2 bis 4 erst dann vernichtet zu werden, wenn sich die Fahrerlaubnisbehörde aus anderem Anlass mit dem Vorgang befasst. Eine Überprüfung der Akten muss jedoch spätestens bis zum 1. Januar 2014 durchgeführt werden. Anstelle einer Vernichtung der Unterlagen sind die darin enthaltenen Daten zu sperren, wenn die Vernichtung wegen der besonderen Art der Führung der Akten nicht oder nur mit unverhältnismäßigem Aufwand möglich ist.

(2) Ein örtliches Fahrerlaubnisregister (§ 48 Abs. 1) darf nicht mehr geführt werden, sobald
1. sein Datenbestand mit den in § 50 Abs. 1 genannten Daten in das Zentrale Fahrerlaubnisregister übernommen worden ist,
2. die getroffenen Maßnahmen der Fahrerlaubnisbehörde nach § 2a Abs. 2 und § 4 Absatz 5 in das Fahreignungsregister übernommen worden sind und
3. der Fahrerlaubnisbehörde die Daten, die ihr nach § 30 Abs. 1 Nr. 3 und § 52 Abs. 1 Nr. 3 aus den zentralen Registern mitgeteilt werden dürfen, durch Abruf im automatisierten Verfahren mitgeteilt werden können.

Die Fahrerlaubnisbehörden löschen aus ihrem örtlichen Fahrerlaubnisregister spätestens bis zum 31. Dezember 2014 die im Zentralen Fahrerlaubnisregister gespeicherten Daten, nachdem sie sich von der Vollständigkeit und Richtigkeit der in das Zentrale Fahrerlaubnisregister übernommenen Einträge überzeugt haben. Die noch nicht im Zentralen Fahrerlaubnisregister gespeicherten Daten der Fahrerlaubnisbehörden werden bis zur jeweiligen Übernahme im örtlichen Register gespeichert. Maßnahmen der Fahrerlaubnisbehörde nach § 2a Abs. 2 Satz 1 Nr. 1 und 2 und § 4 Absatz 5 Satz 1 Nr. 1 und 2 werden erst dann im Fahreignungsregister gespeichert, wenn eine Speicherung im örtlichen Fahrerlaubnisregister nicht mehr vorgenommen wird.

(3) Die Regelungen über das Verkehrszentralregister und das Punktsystem werden in die Regelungen über das Fahreignungsregister und das Fahreignungs-Bewertungssystem nach folgenden Maßgaben überführt:
1. Entscheidungen, die nach § 28 Absatz 3 in der bis zum Ablauf des 30. April 2014 anwendbaren Fassung im Verkehrszentralregister gespeichert worden sind und nach § 28 Absatz 3 in der ab dem 1. Mai 2014 anwendbaren Fassung nicht mehr zu speichern wären, werden am 1. Mai 2014 gelöscht. Für die Feststellung nach Satz 1, ob eine Entscheidung nach § 28 Absatz 3 in der ab dem 1. Mai 2014 anwendbaren Fassung nicht mehr zu speichern wäre, bleibt die Höhe der festgesetzten Geldbuße außer Betracht.
2. Entscheidungen, die nach § 28 Absatz 3 in der bis zum Ablauf des 30. April 2014 anwendbaren Fassung im Verkehrszentralregister gespeichert worden und nicht von Nummer 1 erfasst sind, werden bis zum Ablauf des 30. April 2019 nach den Bestimmungen des § 29 in der bis zum Ablauf des 30. April 2014 anwendbaren Fassung getilgt und gelöscht. Dabei kann eine Ablaufhemmung nach § 29 Absatz 6 Satz 2 in der bis zum Ablauf des 30. April 2014 anwendbaren Fassung nicht durch Entscheidungen, die erst ab dem 1. Mai 2014 im Fahreignungsregister gespeichert werden, ausgelöst werden. Für Entschei-

StVG

dungen wegen Ordnungswidrigkeiten nach § 24a gilt Satz 1 mit der Maßgabe, dass sie spätestens fünf Jahre nach Rechtskraft der Entscheidung getilgt werden. Ab dem 1. Mai 2019 gilt
a) für die Berechnung der Tilgungsfrist § 29 Absatz 1 bis 5 in der ab dem 1. Mai 2014 anwendbaren Fassung mit der Maßgabe, dass die nach Satz 1 bisher abgelaufene Tilgungsfrist angerechnet wird,
b) für die Löschung § 29 Absatz 6 in der ab dem 1. Mai 2014 anwendbaren Fassung.

3. Auf Entscheidungen, die bis zum Ablauf des 30. April 2014 begangene Zuwiderhandlungen ahnden und erst ab dem 1. Mai 2014 im Fahreignungsregister gespeichert werden, sind dieses Gesetz und die auf Grund des § 6 Absatz 1 Nummer 1 Buchstabe s erlassenen Rechtsverordnungen in der ab dem 1. Mai 2014 geltenden Fassung anzuwenden. Dabei sind § 28 Absatz 3 Nummer 3 Buchstabe a Doppelbuchstabe bb und § 28a in der ab dem 1. Mai 2014 geltenden Fassung mit der Maßgabe anzuwenden, dass jeweils anstelle der dortigen Grenze von sechzig Euro die Grenze von vierzig Euro gilt.

4. Personen, zu denen bis zum Ablauf des 30. April 2014 im Verkehrszentralregister eine oder mehrere Entscheidungen nach § 28 Absatz 3 Satz 1 Nummer 1 bis 3 in der bis zum Ablauf des 30. April 2014 anwendbaren Fassung gespeichert worden sind, sind wie folgt in das Fahreignungs-Bewertungssystem einzuordnen:

Punktestand vor dem 1. Mai 2014	Fahreignungs-Bewertungssystem ab dem 1. Mai 2014	
	Punktestand	Stufe
1–3	1	Vormerkung (§ 4 Absatz 4)
4–5	2	
6–7	3	
8–10	4	1: Ermahnung (§ 4 Absatz 5 Satz 1 Nummer 1)
11–13	5	
14–15	6	2: Verwarnung (§ 4 Absatz 5 Satz 1 Nummer 2)
16–17	7	
>= 18	8	3: Entzug (§ 4 Absatz 5 Satz 1 Nummer 3)

Die am 1. Mai 2014 erreichte Stufe wird für Maßnahmen nach dem Fahreignungs-Bewertungssystem zugrunde gelegt. Die Einordnung nach Satz 1 führt allein nicht zu einer Maßnahme nach dem Fahreignungs-Bewertungssystem.

5. Die Regelungen über Punkteabzüge und Aufbauseminare werden wie folgt überführt:
a) Punkteabzüge nach § 4 Absatz 4 Satz 1 und 2 in der bis zum Ablauf des 30. April 2014 anwendbaren Fassung sind vorzunehmen, wenn die Bescheinigung über die Teilnahme an einem Aufbauseminar oder einer verkehrspsychologischen Beratung bis zum Ablauf des 30. April 2014 der nach Landesrecht zuständigen Behörde vorgelegt worden ist. Punkteabzüge nach § 4 Absatz 4 Satz 1 und 2 in der bis zum Ablauf des 30. April 2014 anwendbaren Fassung bleiben bis zur Tilgung der letzten Eintragung wegen einer Straftat oder einer Ordnungswidrigkeit nach § 28 Absatz 3 Nummer 1 bis 3 in der bis zum Ablauf des 30. April 2014 anwendbaren Fassung, längstens aber zehn Jahre ab dem 1. Mai 2014 im Fahreignungsregister gespeichert.

b) Bei der Berechnung der Fünfjahresfrist nach § 4 Absatz 7 Satz 2 und 3 sind auch Punkteabzüge zu berücksichtigen, die nach § 4 Absatz 4 Satz 1 und 2 in der bis zum Ablauf des 30. April 2014 anwendbaren Fassung vorgenommen worden sind.
c) Aufbauseminare, die bis zum Ablauf des 30. April 2014 nach § 4 Absatz 3 Satz 1 Nummer 2 in der bis zum Ablauf des 30. April 2014 anwendbaren Fassung angeordnet, aber bis zum Ablauf des 30. April 2014 nicht abgeschlossen worden sind, sind bis zum Ablauf des 30. November 2014 nach dem bis zum Ablauf des 30. April 2014 anwendbaren Recht durchzuführen.
d) Abweichend von Buchstabe c kann anstelle von Aufbauseminaren, die bis zum Ablauf des 30. April 2014 nach § 4 Absatz 3 Satz 1 Nummer 2 in der bis zum Ablauf des 30. April 2014 anwendbaren Fassung angeordnet, aber bis zum Ablauf des 30. April 2014 noch nicht begonnen worden sind, die verkehrspädagogische Teilmaßnahme des Fahreignungsseminars absolviert werden.
e) Die nach Landesrecht zuständige Behörde hat dem Kraftfahrt-Bundesamt unverzüglich die Teilnahme an einem Aufbauseminar oder einer verkehrspsychologischen Beratung mitzuteilen.
6. Nachträgliche Veränderungen des Punktestandes nach den Nummern 2 oder 5 führen zu einer Aktualisierung der nach der Tabelle zu Nummer 4 erreichten Stufe im Fahreignungs-Bewertungssystem.

(4) § 4 Absatz 7 ist mit Ablauf des 30. April 2020 mit der Maßgabe nicht mehr anzuwenden, dass eine Teilnahmebescheinigung für ein Fahreignungsseminar, das spätestens an dem vorstehend genannten Tag begonnen worden ist, noch binnen der in § 4 Absatz 7 Satz 1 genannten Frist mit der Rechtsfolge des § 4 Absatz 7 vorgelegt werden kann.

XI. Anlage zu § 24a StVG

Liste der berauschenden Mittel und Substanzen

Berauschende Mittel	Substanzen
Cannabis	Tetrahydrocannabinol (THC)
Heroin	Morphin
Morphin	Morphin
Cocain	Cocain
Cocain	Benzoylecgonin
Amfetamin	Amfetamin
Designer-Amfetamin	Methylendioxyamfetamin (MDA)
Designer-Amfetamin	Methylendioxyethylamfetamin (MDE)
Designer-Amfetamin	Methylendioxymetamfetamin (MDMA)
Metamfetamin	Metamfetamin

Stichwortverzeichnis

Die Zahlen weisen auf die entsprechende Seite hin.

0,5 Promille-Grenze 107, 153
Abbiegen 46, 123, 125, 130
– in ein Grundstück 47
– nach links 45 f.
– nach rechts bei Grünpfeil 75 f.
Ablieferung und Vorlage des Führerscheins 91
Abmessungen von Fahrzeugen und Fahrzeugkombinationen 73, 98, 131
Abschleppen von Fahrzeugen 63
Abschleppseil 103
Abschleppstange 103
Abstand 24, 40 f., 68, 84, 123, 125, 128 f. *siehe auch* Seitenabstand
– Tabelle 114 f.
Achslast 99, 110, 131
– Tabelle 116
Alkoholeinfluss 28, 121
Alkoholverbot für Fahranfänger 108, 154
Amfetamin 163
Ampel *siehe* Wechsellichtzeichen
Anfahren 47
Anhängelast hinter Kraftfahrzeugen 99, 110
– Tabelle 116
Anhänger
– Achslast 99
– Bereifung 101
– Ladung 70 f.
– Stützlast bei einachsigem Anhänger 103
– Unterfahrschutz 98
– Zulassung 92
Anordnungen, verkehrsrechtliche 90
Arztschild 105
Atemalkoholkonzentration 107, 128
Aufbauseminar 25 ff., 120 f., 145
Auflage
– bei Ausnahmegenehmigung 91, 106
– zur Fahrerlaubnis 91
Aushändigen von
– Fahrzeugpapieren 109
– Führerscheinen und Bescheinigungen 109

Ausländische Kraftfahrzeuge 94
Ausnahmegenehmigung 91, 106, 109
Außenkanten, vorstehende 96
Außer-Acht-Lassen der im Verkehr erforderlichen Sorgfalt 34
Aussteigen 63
Autobahnen 65 ff.
Autotelefon 108
Bahnübergänge 38, 67, 108, 128, 139
Begrenzungsleuchten 104
Beleuchtung 64 f., 130
Beleuchtungseinrichtung 64 f., 71
Benutzung von Fahrstreifen durch Kraftfahrzeuge 45
Benzoylecgonin 163
Berauschende Mittel 107, 123, 126, 140, 163
Bereifung und Laufflächen 101 f.
Besetzung von
– Fahrzeugen 71 f.
– Kraftomnibussen 99
Besondere Aufbauseminare 27, 120, 146
Besondere Verkehrslagen 47 f.
Betriebsverbot und -beschränkungen 93, 96, 110
Bewertung von Zuwiderhandlungen
– bei Probe-Fahrerlaubnis 26, 126
– im Fahreignung-Bewertungssytem 18 f., 127 ff.
Blinklicht, blau und gelb 78
Blutalkoholkonzentration 107, 128, 153
Bremsleuchten 104
Bußgeld *siehe* Geldbuße
Bußgeldkatalog 14
– Text 34 ff.
Bußgeldkatalog-Verordnung 11
– Text 31 ff.
Bußgeldregelsätze 11, 32

Cannabis 163
Cocain 163

Dauerlichtzeichen 75 ff.
Designer-Amfetamin 163
Drogeneinfluss *siehe* Berauschende Mittel

165

Stichwortverzeichnis

Einfahren auf die Straße 47
Einrichtungen
- an Fahrrädern 106
- zur Überwachung der Parkzeit 62 ff.

Einsatzhorn 78
Einschränkung der Fahrerlaubnis 91
Einsteigen 63
Eintragung im Fahrerlaubnisregister 16
Entziehung der Fahrerlaubnis
- bei Probe-Fahrerlaubnis 29
- im Fahreignungs-Bewertungsystem 22 f.
- im Strafverfahren 135 f.

Erhöhung des Regelsatzes der Geldbuße 13
- Tabelle 117 ff.

Erlaubnis 91
Erlaubnisbescheid 109
Erste-Hilfe-Material in Kraftfahrzeugen 100

Fahreignungs-Bewertungssystem 18 ff., 122, 147 f., 161
- bei Fahrerlaubnis auf Probe 26
- Bezeichnung und Bewertung der zu berücksichtigenden Straftaten und Ordnungswidrigkeiten 127 ff.
- Überführung der Regelungen über das VZR und Punktesystem 23 f.

Fahreignungsregister 13, 16 ff., 156
Fahren ohne Fahrerlaubnis 151
Fahrerlaubnis auf Probe 26 ff., 120, 125, 144
Fahrerlaubnis zur Fahrgastbeförderung 91
Fahrerlaubnis-Verordnung (Auszug) 120 ff.
- Anlage 12 125 f.
- Anlage 13 127 ff.

Fahrlässige Körperverletzung 138
Fahrlässige Tötung 138
Fahrradfahren *siehe* Radfahren
Fahrstreifen, Benutzung durch Kraftfahrzeuge 45
Fahrtenbuch 98
Fahrtrichtungsanzeiger 44
Fahrverbot
- wegen Ordnungswidrigkeiten 14, 31 ff., 154
- wegen Straftaten 135

Fahrzeugführer-Pflichten 71 f.
Fahrzeugpapiere
- aushändigen 109
- mitführen 91

Ferienreise-Verordnung 106
Feuerlöscher in Kraftomnibussen 100 f.
Freihändiges Fahren als Radfahrer oder Führer eines Kraftrades 15
Führerschein mitführen und abliefern 91 f.
Fußgänger 72
- Verwarnungsgeld 12
Fußgängerbereich, Benutzung durch Kraftfahrzeug 80 ff.
Fußgängerüberweg 72, 130

Gefährdung des Straßenverkehrs 139
Gefährliche Eingriffe in den Straßenverkehr 138 f.
Gelbes Blinklicht 78
Geldbuße 13 f.
- Erhöhung des Regelsatzes 13, 117 ff.
- Ermäßigung des Regelsatzes 13

Geldbußen für Halter von Kraftfahrzeugen 13
Genehmigungs- oder Erlaubnisbescheid 91, 109
Geräuschentwicklung 103
Gesamtgewicht 99 f.
- Tabelle 116
Geschwindigkeitsbegrenzer 105, 152
Geschwindigkeitsüberschreitungen 38 ff.
- Tabellen 111 ff.

Gesetz über Ordnungswidrigkeiten (Auszug) 134 ff.
Grundregeln 34
Grünpfeil 75 f.

Halten 48 ff.
Halter-Verantwortung für Fahrzeugbetrieb 96 f.
Handy *siehe* Mobiltelefon
Hauptuntersuchung 95 f.
Heroin 163
Hubladebühnen 105

Inline-Skaten 73 f.

Kennzeichen an Fahrzeugen 92 f.
- Abdeckungen 93
Kennzeichenmissbrauch 152
Kindersitze 100
Kraftfahrstraßen 65 ff.
Kraftfahrzeug-Rennen 109
Kraftomnibus, Besetzung 99
Kraftrad Abschleppen 63
Kreisverkehr 79

166

Stichwortverzeichnis

Kurvenlaufeigenschaften 98
Kurzzeitkennzeichen 92 f.
Ladung 70 f.
Leuchtzeichen 64 f.
Lichttechnische Einrichtungen 103 f.
Liegenbleiben von Fahrzeugen 63
Maßnahmen nach dem Fahreignungs-Bewertungssystem 18 ff.
Metamfetamin 163
Methylendioxyamfetamin (MDA) 163
Methylendioxyethylamfetamin (MDE) 163
Methylendioxymethamfetamin (MDMA) 163
Minderbemittelte
– Verwarnungsgeld 12
Mitführen von
– Fahrzeugpapieren 91
– Führerscheinen und Bescheinigungen 91
Mitteilungspflichten hinsichtlich Fahrzeug 94
Mobiltelefon 108
Mofafahren 37
Morphin 163

Nebelschlussleuchten 104
Neuerteilung einer Fahrerlaubnis nach Entziehung 22, 29
Nothalte- und Pannenbucht 89
Nötigung 138

Öffentliche Verkehrsmittel 67 f.
Ordnungswidrigkeitengesetz (Auszug) 133 f.
Ortskenntnisse bei Fahrgastbeförderung 91

Pannenbucht 90
Parken 48 ff.
Parkscheibe 62
Parkschein 62
Parkuhr 62
Parkzeit 62
Parkzeit-Überwachungs-Einrichtungen 62
Personenbeförderung, Sicherungspflichten 69 f.
Pflichten für verkehrssicheren Zustand des Fahrzeugs 71 f., 102
Promillegrenze (0,5) 107, 128, 153
Punktbewertung nach dem Fahreignungs-Bewertungssystem 18 f., 122 ff.

Punkterabatt
– bei Aufbauseminar 25 f., 161 f. *siehe auch* Fahreignungsseminar
Punktestand
– Auskunft über persönlichen 20
– Umrechnung zum 1.5.2014 24 f., 161

Radfahren
– Benutzung von Radweg, Fahrbahn, Seitenstreifen 37 f., 76 f., 81
– Einrichtungen an Fahrrädern 106
– Ermäßigung des Regelsatzes der Geldbuße 13
– freihändiges Fahren 15
– verbotswidrige Benutzung von Mobiltelefon 108
– Verwarnungsgeld 12
Rechtsabbiegen mit Grünpfeil 75 f.
Rechtsfahrgebot 35 f., 125
Regelfahrverbot 11, 13, 32
Regelsatz der Geldbuße 11, 32
– Erhöhung 13
– Ermäßigung 13
Rettungsfahrzeug, im Einsatz behindert 50, 57
Richtzeichen 88, 130
Rückstrahler
– an Fahrrad 106
– an Kraftfahrzeug 104
Rückwärtsfahren 47, 125

Saisonkennzeichen 92
Schalldämpferanlage 103
Schallzeichen
– an Fahrrad 106
– Missbrauch 64
Scheinwerfer
– an Fahrrad 106
– an Kraftfahrzeug 103
Schleppen von Fahrzeugen 99
Schlussleuchten
– an Fahrrad 106
Schrittgeschwindigkeit
– bei Vorbeifahrt an öffentlichen Verkehrsmitteln 68
– in verkehrsberuhigtem Bereich 88
Schulbusse 67 f.
Schutzhelm 70

Stichwortverzeichnis

Seitenabstand 38, 43 *siehe auch* Abstand
Sicherheitsgurt 70
Sicherheitsprüfung 95 f.
Sicherstellung oder Beschlagnahme von Führerscheinen 125, 127 f., 136, 154
Sonntagsfahrverbot 73
Stockender Verkehr 47
Strafgesetzbuch (Auszug) 135 ff.
Strafprozessordnung (Auszug) 141 ff.
Straßenbenutzung durch Fahrzeuge 34, 129
Straßenbenutzung, übermäßige 73, 126, 130
Straßenverkehrsgesetz (Auszug) 144 ff.
Stützlast 103
Tabellen zum Bußgeldkatalog 14, 111 ff.
Tatbestandskataloge 14
Tateinheit, Tatmehrheit
– bei Punktbewertung 19 f.
– bei Verwarnungsgeld 12
Technisches Gerät zur Feststellung von Verkehrsüberwachungsmaßnahmen 109
Tetrahydrocannabinol (THC) 163
Tilgung der Eintragungen im VZR/FaER 17 f., 23 ff., 158 f.
Trunkenheit im Verkehr 125, 127, 136, 139
Tunnel 89 f.
Überführungsfahrten 94
Überholen 41 f., 74, 123, 125, 129
Übermäßige Straßenbenutzung 73
Überprüfung mitzuführender Gegenstände 98
Überwachung der Parkzeit 62
Umrissleuchten 103
Umweltschutz 73
Unerlaubtes Entfernen vom Unfallort 125, 127, 137
Unfall 74

Unterfahrschutz 98
Unterlassene Hilfeleistung 125, 127 f., 140
Untersuchung der Kraftfahrzeuge und Anhänger 95 f.
Verantwortung für den Betrieb der Fahrzeuge 96 f., 131
Verbindung von Fahrzeugen 103
Verkehrseinrichtungen, Absperrgerät 90
Verkehrshindernisse 74, 130
Verkehrsordnungswidrigkeit 153
Verkehrspsychologische Beratung 18, 28, 122
Verkehrsrechtliche Anordnungen 90, 130
Verkehrszentralregister
– Überführung in Fahreignungsregister 16 f., 23, 160
– Umrechnung der Punktestände 24
Versicherungskennzeichen 94
Verwarnung durch die Verwaltungsbehörde 12, 133
Verwarnungsgeld 14, 31, 133 f.
Vollrausch 125, 127 f., 140
Vorbeifahren 44
Vorfahrt 45, 78, 122, 125 f., 130
Vorlage des Führerscheins 91
Vorläufige Entziehung der Fahrerlaubnis 16, 142, 144, 156
Vorschriftszeichen nicht beachtet 78 ff.
Vorstehende Außenkanten 96
Warnblinkanlage 104
Warnblinklicht – Missbrauch 64 f., 68
Warndreieck 104
Warnkleidung 75
Warnleuchte 104
Wechsellichtzeichen 75, 126, 129 f.
Weisungen der Polizeibeamten 75
Wenden 46 f., 125, 130
Zeichen oder Haltgebot der Polizeibeamten 75, 130
Zulassung von Kraftfahrzeugen 92